Jutta Bläsius

Hier spiel ich allein

W0056951

Jutta Bläsius

Hier spiel ich allein

Entspannung, Konzentration, Selbstständigkeit
in der Einzelbeschäftigung

Mit Illustrationen von Klaus Puth

HERDER

FREIBURG · BASEL · WIEN

Erläuterung der Symbole:

 Kaufen

 Basteln

 Sammeln

© Verlag Herder GmbH, Freiburg im Breisgau 2012
Alle Rechte vorbehalten
www.herder.de

Umschlaggestaltung: SchwarzwaldMädel, Simonswald
Illustration Umschlag und Innenteil: Klaus Puth, Müllheim

Satz und Gestaltung: Arnold & Domnick, Leipzig
Herstellung: Graspo CZ, Zlín
Printed in the Czech Republic

ISBN 978-3-451-32575-5

Inhalt

Wannenspiele

Lebenspraktische Übungen

Weitere Ideen

Einleitung

KINDER BRAUCHEN RAUM ZUM ALLEINSEIN

Wir leben heute in einer unruhigen, hektischen und lauten Welt, die Tag für Tag mit einem enormen Überangebot an Beschäftigungsmöglichkeiten lockt. Bereits 4-Jährige haben einen vollen Terminkalender, in dem über Turnen, Musik, Fremdsprachen- und Kunstunterricht weitere wichtige Lern- und Bildungsbereiche organisiert sind. Ihr Tag ist von morgens bis abends verplant. Erfahrungen von Stille und Ruhe, von Alleinsein, Eigenbeschäftigung und der Wohltat konzentrierten, versunkenen Spiels sind so kaum möglich.

Wie wichtig aber kleine Auszeiten in unserem turbulenten Leben sind, ist nicht nur uns Erwachsenen, sondern auch Kindern durchaus bewusst. So lässt sich immer wieder beobachten, wie sie sich aus dem Alltagsgeschehens herausziehen und in Phasen der intensiven Selbstbeschäftigung vertiefen. Sie ziehen sich mit einem Bilderbuch in eine stille Ecke zurück, sie verschwinden in ihrem Zimmer, um eine CD zu hören, oder vertiefen sich vollkommen in das Malen eines Bildes.

Es geht ihnen darum, Zeit für sich selbst zu haben und einen „Raum" zum Entspannen, zum Abschalten und Innehalten durch individuelles, ungestörtes und intensives Spiel zu finden. Solche Augenblicke sind wichtige Entspannungszeiten. Sie helfen den Kindern im inneren Gleichgewicht zu bleiben und geben ihnen die Kraft um ihren Lebensalltag zu bewältigen.

Die Signale erkennen

Leider werden diese Ruhephasen, in denen das Kind sich ganz intensiv alleine beschäftigt, immer noch von vielen Erwachsenen als Träumerei, als Zeitverschwendung betrachtet oder als Langeweile des Kindes interpretiert und infolgedessen unterbrochen. Dabei wissen gerade Kinder noch intuitiv, wann sie kleine Entspannungspausen und Zeit für sich selbst benötigen, was zu ihrer Erholung beiträgt und wie sie diese wichtigen Auszeiten in ihren Alltag integrieren können. Kinder werden jedoch in der Regel nicht als eigene Entspannungsexperten gesehen und ihre Bemühungen, individuelle Wege und Möglichkeiten des entspannenden Tätigseins zu nutzen nicht ernst genommen oder gar unterstützt.

Auch in pädagogischen Einrichtungen besteht für Kinder kaum die Möglichkeit, sich aus dem Geschehen herauszuziehen. Ein Raum, in dem sie sich ganz alleine beschäftigen können, ist in der Regel nicht vorhanden. Ein durchgängiges Beschäftigungsprogramm sorgt für Unterhaltung und Abwechslung und verhindert, dass Langeweile aufkommt. Es nimmt damit Kindern aber auch die Chance, sich zurückzuziehen, die vielfältigen Facetten des Alleinseins zu entdecken, zu genießen und zu nutzen.

Pädagogische Fachkräfte müssen sich hier kritisch hinterfragen, ob sie auch solche Beschäftigungsmöglichkeiten anbieten, die das ungestörte Allein-Spielen der Kinder ermöglichen und fördern.

Spiel-, Lern- und Rückzugsnischen für Kinder

Kleine Nischen zur Einzelbeschäftigung ermöglichen Kindern den Rückzug aus dem Alltagsgeschehen. Es sind stille Ecken, ruhige Oasen, interessante Plätze, die sie immer wieder während des Alltags aufsuchen können und an denen sie ganz gezielt und individuell Zeit zum Entspannen, zum Träumen, zum Auftanken und auch zum Entdecken, Staunen und Lernen haben. Hier werden sie in ihrem Bedürfnis nach aktiven Ruhephasen und nach kleinen Auszeiten ernstgenommen und unterstützt. Alleinsein wird als natürlicher und wichtiger Bestandteil des Lebens in den Alltag integriert.

Die alters- und entwicklungsgerechten, abwechslungsreichen Spielideen tragen dazu bei, dass Kinder die Einzelbeschäftigung als positive und wertvolle Zeit schätzen und lieben lernen.

Die ganze Gemeinschaft profitiert von solchen Angeboten, denn der Alltag wird stressfreier, die Kommunikation und damit das Zusammenleben wird erleichtert. Alle gewinnen somit an Lebensfreude und Lebensqualität.

Damit Kinder in diesen Spielbereichen zur Einzelbeschäftigung entspannt, konzentriert, selbstständig und kreativ arbeiten können, sind bestimmte Voraussetzungen notwendig.

So gilt es im Vorfeld:

- sich methodisch-didaktisch mit der Thematik vertraut zu machen (wie entspannen Kinder; womit beschäftigen sie sich gerne alleine; wie können Bereiche zur Einzelbeschäftigung gestaltet werden ...);
- Kinder und Erwachsene (sowohl die Träger der Einrichtung als auch die pädagogischen Kräfte und die Eltern) mit den Ideen und Zielen vertraut zu machen, damit die gestalteten Bereiche als Orte der Entspannung, der individuellen Rückzugsmöglichkeit und des selbstständigen Entdeckens und Lernens von allen anerkannt werden;
- den notwendigen institutionellen Rahmen zu schaffen (sowohl räumlich als auch zeitlich und personell);
- alters- und entwicklungsgemäßes Spiel- und Lernmaterial auszusuchen;
- Regeln aufzustellen.

HIER SPIELEN KINDER GERNE ALLEINE

Wie können Plätze zur Einzelbeschäftigung in die räumlichen Gegebenheiten einer Einrichtung und vor allem in den Gruppenalltag integriert werden? Hier gibt es zumindest zwei Möglichkeiten.

Die Raumgestaltung mit mehreren Plätzen zur Einzelbeschäftigung

Steht genügend Platz zur Verfügung, so können Sie ein Zimmer im Sinne eines Funktionsraumes mit Plätzen zur Einzelbeschäftigung herrichten. Hier stehen den Kindern alltägliche Gebrauchsgegenstände und Materialien als Spiel- und Arbeitsobjekte zur Verfügung, die die Konzentration, die Selbstständigkeit und Kreativität fördern sowie Entspannungspotential in sich tragen. Die Kinder können alle Bereiche selbstständig und nach individuellem Bedürfnis nutzten.
Entsprechende Ideen finden Sie in diesem Buch. Sie können in diesem eigens zur Einzelbeschäftigung hergerichteten Zimmer eingesetzt werden. Die verschiedenen Beschäftigungsideen werden dazu im Sinne einer vorbereiteten Umgebung klar strukturiert in kleinen, abgeschirmten Bereichen im Raum platziert. So ste-

hen z. B. in einem Regal unterschiedliche Materialien zur Mandala-Gestaltung bereit. In einem anderen Bereich befinden sich die Spielkörbe. Der Jahreszeiten-Tisch ist als solcher klar definiert und erkennbar. Eine oder mehrere Wannen mit unterschiedlichen Inhalten laden in einem Separee zum Spielen ein. Und auch die lebenspraktischen Übungen befinden sich an einem extra dafür eingerichteten Platz.

Des weiteren können in diesem Zimmer kleine Höhlen, eine Hängematte, ein CD-Spieler mit Entspannungsmusik oder kurzen Geschichten, eine Schaukel oder ein Kissenberg die Kinder zu kurzweiligen Entspannungs-sequenzen einladen. Der Fantasie sind hier keine Grenzen gesetzt. Auch Fensterplätze werden als Spielorte mit einbezogen.

Die einzelnen Bereiche sind durch Regale, Paravents oder Schränke voneinander abgeschirmt. Den Kindern steht in jeder Nische ein Tisch, je nach Material auch ein kleiner Teppich, als Arbeitsfläche zur Verfügung.

Ein Schild am Eingang macht deutlich, dass in diesem Zimmer eine ruhige Arbeitsatmosphäre gewünscht ist und keiner den anderen stören darf.

Die Einzelbeschäftigung im Gruppenraum

Leider stehen Einrichtungen nur selten ausreichend Zimmer zur Verfügung um neue Ideen problemlos zu integrieren. Auch in beengten räumlichen Gegebenheiten können unterschiedliche Ideen verwirklicht werden, die zur individuellen Förderung der Kinder beitragen. Gerade für solche Einrichtungen, die mit begrenztem Platz auskommen müssen, sind die hier vorgestellten Ideen der Einzelbeschäftigung gedacht.

Eine kleine Nische mit einem Tisch, einem Regal, Paravent oder Schrank als Raumteiler reichen schon aus, damit Kinder eine Rückzugsmöglichkeit und einen kleinen Platz für sich alleine haben.

Ein solcher „Raum" im Raum lässt sich auch in Institutionen verwirklichen, die mit Funktionsräumen arbeiten. So kann im Musikzimmer eine kleine Nische eingerichtet werden, in die ein Kind sich zurückziehen kann um eine CD mit

Entspannungsmusik zu hören oder um mit besonderen Instrumenten in der Einzelbeschäftigung zu arbeiten (z. B. Klangschale, Ocean-Wave, Regenstab).

Im Rollenspielzimmer steht in einem abgeschirmten Bereich ein Spiegel. Die Kinder können sich hier nach eigenen kreativen Ideen in Einzelbeschäftigung unterschiedliche Frisuren kreieren, Schminken, mit Hüten oder Perücken verkleiden, mit Gestik und Mimik spielen.

Und auch im Kreativraum lässt sich ein Platz einrichten, an dem ein Kind z. B. ungestört malen oder etwas basteln kann.

Egal wo sich die Nische befindet, es sollte dort nur Platz für 1 Kind sein. In einem Regal stehen die unterschiedlichen Materialien bereit, die es zu selbstständigem, konzentriertem, kreativem und entspannendem Spiel einladen. Sie stammen in der Regel aus dem direkten Umfeld. Sollte ein Material nicht vorhanden sein, lohnt sich die Anschaffung. Über die Nachfrage bei Eltern, Großeltern, ortsansässigen Firmen oder beim Besuch eines Flohmarktes sind viele Dinge umsonst zu bekommen oder zumindest recht kostengünstig zu erwerben.

Die Angebote müssen von Zeit zu Zeit ausgewechselt und inhaltlich neu strukturiert werden. So bleibt die Beschäftigung damit attraktiv.

Ideen zur Ausgestaltung

Eine schöne, harmonische Gestaltung des Bereichs sorgt für eine gemütliche Atmosphäre; sie lädt zum Verweilen ein und wirkt sich positiv auf die Arbeit des Kindes aus.

- So können besondere Lichtquellen, etwa eine Tisch- oder Stehlampe oder eine Lichterkette zum Einsatz kommen.
- Auch Zimmerpflanzen tragen zu einem guten Arbeitsklima bei.
- Das Material sollte übersichtlich und vor allem in begrenztem Umfang präsentiert werden. Das Kind wird dadurch nicht unnötig abgelenkt und kann zu konzentriertem Spielen und Arbeiten finden.
- Ein schönes, hochwertiges Bild, eine Zeichnung oder ein Foto zum jeweiligen Thema laden zum Betrachten ein, vertiefen Erkenntnisse, heben Details hervor und wecken die kindliche Neugierde.

- Einheitliche Körbe, Schachteln oder Tabletts wirken beruhigend auf das Auge und unterstützen somit das Zur-Ruhe-Kommen. Ist die äußere Ordnung gewährleistet, steht auch einem inneren Ordnen und Strukturieren nichts im Wege.
- Ätherische Öle, die z. B. in einer Duftlampe zum Einsatz kommen, können die Konzentration und Entspannung unterstützen. Klären Sie im Vorfeld ab, welche Düfte geeignet sind und die Kinder ansprechen.

EINZELBESCHÄFTIGUNG TUT GUT!

Kinder beschäftigen sich nicht nur gerne mit anderen. Sie lieben in der Regel ebenso das Spielen alleine. Gerade in der Einzelbeschäftigung lassen sich wertvolle und bedeutsame Erkenntnisse gewinnen und Erfahrungen sammeln, die viele Bereiche der kindlichen Entwicklung positiv beeinflussen.

- Eine kleine Spielnische kann Kindern, die ständige Betreuung und „Bespielung" gewöhnt sind, den Einstieg in das Alleinspielen erleichtern.
- Kinder erkennen in der Einzelbeschäftigung ihre eigenen Vorlieben und Interessen, können ihre Stärken und Schwächen bewusst wahrnehmen und ihre Fähigkeiten und ihr Wissen dadurch besser einschätzen. Sie kommen sich selbst näher und lernen vielleicht neue, bisher unbekannte Seiten an sich kennen.
- Sie erfahren den Wert der Selbstfürsorge. Sie lernen, wann ihnen eine kleine Auszeit gut tut und welche Möglichkeiten sie dazu nutzen können.
- Durch Selbstwirksamkeitserfahrungen erleben die Kinder das Spiel in der Einzelbeschäftigung als eigen- und nicht fremdgesteuerten Prozess.
- Sich ausprobieren, experimentieren, die Suche nach individuellen Lösungen von Spielaufgaben, das Entwickeln eigener Spielideen, die kreative Beschäftigung mit den Materialien usw., all das macht Kinder stark und festigt ihr Selbstbewusstsein.
- Einzelbeschäftigung fördert desweiteren die Selbstständigkeit der Kinder.
- Die Konzentrationsfähigkeit entwickelt sich im Alleinespielen positiv, da wenig Ablenkung vorhanden ist.
- Unsichere, ängstliche und zurückhaltende Kinder können die kleine Spielnische als sicheren Hafen oder Aussichtspunkt nutzen. Zu gegebenem Zeitpunkt wagen sich die Kinder dann selbst in bisher „unbekannte Gewässer" und an neue Aufgaben heran.

- Die bereitstehenden Materialien und Beschäftigungsmöglichkeiten vermitteln spielerisch ein breit gefächertes Wissen, z. B. in Bezug auf physikalische Eigenschaften wie die Schwerkraft, Spiegelungen oder das Prinzip der Lichtbrechung bei den Kristallen im Fenster. Eine kleine Spielnische wird somit zu einem kindgemäßen, individuellen Lernspielplatz.
- Die Materialien und Beschäftigungsideen regen die Kinder zum Staunen an. Ihre Neugierde wird geweckt. Wie schafft es ein Kreisel, sich während seines Tanzes aufzustellen? Wie sieht wohl ein kleines Sandkorn unter der Lupe aus? All diese Fragen wecken wiederum neues Interesse und führen zu vielen weiteren interessanten Dingen und Themen.
- In der konzentrierten Einzelbeschäftigung lässt sich der persönliche Zugang zu einem Material finden. Durch den individuellen Umgang damit lassen sich zudem eigene Ziele erreichen und unverwechselbare Ideen verwirklichen. Dies kommt vor allem solchen Kindern zugute, die wenig Selbstvertrauen und ein geringes Selbstwertgefühl besitzen.
- In ruhiger, entspannter Atmosphäre haben unruhige, unkonzentrierte, zappelige und hektische Kinder die Zeit und Muße, sich in aller Ruhe mit Dingen zu beschäftigen, zu denen sie im normalen Gruppengeschehen keinen Zugang finden. Die Kinder werden nicht abgelenkt und in ihrer Aufmerksamkeit gestört. Die Spielideen tragen somit dazu bei, auch diesen Kindern kleine Erfolgserlebnisse zu verschaffen.

Das ist noch wichtig

Damit die zur Einzelbeschäftigung bereitstehenden Materialien von den Kindern im Sinne der beschriebenen Ziele genutzt werden ist es wichtig, dass sie wissen, wie die Dinge zu gebrauchen sind. Stellen Sie darum jede neue Arbeit im Kreis vor. Die Kinder werden mit der Handhabung der Gegenstände vertraut gemacht und auf Besonderheiten hingewiesen. Sie können die Dinge kurz ausprobieren und wissen somit, was sie erwartet. Ihre Neugierde wird geweckt. Es besteht zudem die Möglichkeit, Fragen zu beantworten oder näher auf ein Thema einzugehen.

Die in der Vorstellungsrunde gezeigten Spielmöglichkeiten sollen als Anregung verstanden werden. Natürlich dürfen die Kinder auch eigene Ideen verwirklichen. Aktiv sein, entdecken und experimentieren sind sogar ausdrücklich erwünscht.

Regeln können sein:

- Ist der Platz besetzt, muss gewartet werden, bis er frei wird. Ein Hinweis im Eingangsbereich kann dies deutlich machen.
- Kein Kind wird bei der Arbeit von einem anderen Kind oder einem Erwachsenen gestört oder unterbrochen, wenn dies nicht zwingend erforderlich ist!
- Jedes Kind hat ein Recht darauf selbst zu entscheiden, wie lange seine Phase der Einzelbeschäftigung dauert. Dies muss respektiert werden.
- Die Materialien werden sinn- und sachgemäß gehandhabt.
- Die Inhalte z. B. der einzelnen Beschäftigungskörbchen werden nicht miteinander vermischt.
- Die Gegenstände werden nur in dem dafür vorgesehenen Bereich benutzt.
- Alle Materialien werden nach der Benutzung wieder so weggeräumt, dass ein anderes Kind direkt mit der Arbeit beginnen kann.
- Die von den Kindern ausgeführten Arbeiten werden weder von anderen Kindern noch von Erwachsenen kommentiert oder bewertet.
- Nähert sich die Spielzeit dem Ende, wird dies rechtzeitig angekündigt, sodass dem Kind genügend Zeit bleibt, um eine begonnene Arbeit in Ruhe zu beenden. Hierzu kann z. B. ein angenehmes akustisches Signal ertönen (Gongschlag, Läuten eines kleinen Glöckchens, Anschlagen einer Klangschale).

Beziehen Sie die Kinder in die Gestaltung ihrer Spielinsel mit ein. Erstellen Sie mit der Gruppe ganz individuelle Lern-, Spiel- und Entspannungsräume.

Wundern Sie sich nicht, wenn Kinder schon bald den Wunsch äußern, sich mit Material aus dem Gruppenraum in die Einzelbeschäftigung zurückziehen zu dürfen. Das bewusste Alleinsein wird schnell als Wohltat entdeckt und von den Kindern geschätzt.

Die Spielkörbchen

Von für uns Erwachsene so unspektakulären Dingen wie Magnete, Schneekugeln, Lupen oder Kreisel sind Kinder begeistert. Solche Gegenstände werden in einem Korb so vorbereitet, dass sie das Interesse der Kinder wecken und zum Agieren und Ausprobieren, zum Staunen und Sich-Wundern, zum Entdecken und Erkunden und zum Verweilen und Innehalten einladen.

Der Kreisel-Korb

Material: rundes Tablett mit flachem Boden, kleines Körbchen, 4 bis 5 unterschiedliche Kreisel

Einen Kreisel so anzudrehen, dass er ruhig und gleichmäßig seinen Tanz vollführt, ist gar nicht so einfach. Es bedarf schon einer Menge Fingerspitzengefühl, um ihm den richtigen Schwung zu geben. Kommt der Kreisel dann zum Drehen, wirkt sein Tanz auf den Betrachter in der Regel sehr beruhigend und entspannend. Vor allem Kinder sind immer wieder davon fasziniert.

Kreisel können vor allem auf Flohmärkten günstig gekauft werden. Sie sind inzwischen in vielen Variationen und Motiven erhältlich. So kann z.B. auch ein Kreiselkörbchen zu einem Gruppenthema (Farben, Tiere, Formen, ...) zusammengestellt werden.

Neben den üblichen Kreiseln gibt es auch einige Spezialkreisel: den Stehauf-Kreisel, der sich nach dem Andrehen aufrecht stellt, den Magnetkreisel, der sich um Formen und Tiere aus Metallplatten herum bewegt, oder den Malkreisel, an dessen Spitze eine Filzstiftmine sitzt und der dadurch sichtbare Spuren auf einem Papier hinterlässt.

Tauschen Sie von Zeit zu Zeit die Kreisel im Körbchen aus und bieten Sie den Kindern unterschiedliche Untergründe an, auf denen sie die Kreisel tanzen lassen können (Spiegel, Holzteller, Plastiktablett, Porzellanteller, kleiner Reifen, Handtrommel). Neben dem optischen Reiz wird hierbei auch das Gehör angesprochen, denn die Kreisel geben beim Tanzen auf verschiedenen Unterlagen auch unterschiedliche Geräusche von sich.

Erweiterung: Es besteht die Möglichkeit, mit den Kindern Kreisel zu basteln, z. B. kleine aus Bierdeckel und Buntstift oder sehr große aus bemalten Sperrholzscheiben, die auf dem Boden tanzen. Hierbei können sehr individuelle Kunstwerke entstehen.

Der Magnet-Korb

Material: Magnete unterschiedlicher Stärken und Formen, magnetische und nicht magnetische Gegenstände, Schälchen, Korb

Magnetismus ist bereits für 3 bis 6-Jährige ein spannendes Thema, das sie sich spielerisch im Umgang mit Magneten erschließen können. Hierbei sammeln sie erste, einfache physikalische Erkenntnisse.

Im Kreis wird den Kindern gezeigt, wie die Arbeit gedacht ist. Es geht darum zu erkennen, dass es Gegenstände gibt, die magnetisch sind, und solche, die nicht magnetisch sind. Welche Materialien vom Magnet angezogen werden und welche eben nicht, können die Kinder selbst herausfinden.

Sie können aber auch mit den Magneten experimentieren und spielerisch deren Eigenschaften, Funktionsweise und Möglichkeiten erfahren. Der Handel bietet dazu eine Vielzahl an Magneten in unterschiedlichen Formen und unterschiedlichen Stärken an, wie Hufeisen-, Stab-, Scheiben-, Quader- oder Kugelmagnete.

Schnee- und Traumkugeln

Material: 3 bis 4 Schnee- oder Traumkugeln, Körbchen

Schnee- oder Traumkugeln enthalten kleine Figuren oder zeigen Miniaturlandschaften und laden zum Schütteln, zum Beobachten des wilden „Schneegestöbers" und dem Zur-Ruhe-Kommen des „Schneesturms" ein. Sie sind mit unterschiedlichen kleinen Partikeln wie Glitter oder Styropor gefüllt, die den „Schnee" darstellen. Diese verändern am Ende das Gesamtbild der Kugel, indem sie beim Absenken verschiedene Teile der Figuren oder der Landschaft bedecken.

Die Kinder können die Schneekugeln unterschiedlich stark schütteln. Das beeinflusst die Stärke des Schneetreibens. Es erfordert immer wieder aufs Neue ein wenig Geduld, wenn gewartet werden muss, bis der „Schnee" sich komplett gesenkt hat. Dies unterstützt das zur Ruhe kommen des Kindes.

Tipp: Eigene Gestaltungsideen können inzwischen mit Schneekugel-Fertigsätzen verwirklicht werden. Dadurch entstehen ganz individuelle Schneekugeln, die sich z. B. an einem Thema orientieren oder besondere Gegebenheiten aufgreifen.

> Der Gebrauch der Dinge muss für das Kind schon auf den ersten Blick zu erkennen sein. Dies gewährleistet u. a. das Körbchen, in dem nur die zu einer Beschäftigungseinheit nötigen Materialien optisch einladend präsentiert sind.

Aufzieh-Figuren

Material: 3 bis 4 kleine Aufzieh-Figuren, Körbchen

Aufzieh-Figuren gibt es in den unterschiedlichsten Motiven. Ein kleiner, seitlich angebrachter Drehmechanismus sorgt dafür, dass Tiere mit den Flügeln schlagen oder umher watscheln, das Fahrzeuge in Bewegung kommen, sich überschlagen und wieder aufrichten oder menschliche Figuren auf dem Tisch tanzen. Sogar wassertaugliche Boote oder Schwimmer, die munter vor sich hin kraulen sind erhältlich.

Auf jeden Fall verbreiten die Figuren gute Laune. Ihnen bei der Arbeit zuzuschauen lädt zudem zum Träumen ein und beflügelt die Fantasie. Damit die Figuren in Bewegung geraten muss das Kind jedoch erst das kleine Rädchen drehen. Dies erfordert Konzentration, Geduld, Geschicklichkeit, Koordination und vor allem Fingerspitzengefühl.

> Bei manchen Dingen ist es sinnvoll, neben dem Körbchen ein kleines Tablett bereitzustellen. Hierauf können sich z. B. die Kreisel des Kreiselkörbchens drehen oder die Materialien für das Spiel mit den Magneten benutzt werden. Zudem muss sichergestellt sein, dass nur solche Dinge den Kindern angeboten werden, die sie selbstständig und vor allem ungefährlich, ohne die Hilfe eines Erwachsenen handhaben können.

Das Knopf-Körbchen

Material: Körbchen, Tablett mit Filzunterlage, Knöpfe in unterschiedlichen Größen, Farben und Formen

Das Tablett mit Filzunterlage dient als Arbeitsfläche. Hierauf können die Kinder mit den Knöpfen Muster, Zahlen, Buchstaben, Formen, Figuren, kleine Bilder und vielleicht sogar den eigenen Namen gestalten. Der Fantasie sind keine Grenzen gesetzt.

Da Knöpfe eine große Anziehungskraft auf Kinder ausüben, ist die Beschäftigung mit ihnen über einen langen Zeitraum hinweg immer wieder interessant. Mit dem Knopf-Körbchen haben die Kinder die Gelegenheit, sich in ruhiger Atmosphäre mit Knöpfen in unterschiedlichen Größen, Farben, vielleicht auch in verschiedenen Formen zu beschäftigen. Die Fantasie wird angeregt, die Feinmotorik und Koordination geschult.

Tipp: Ausgediente Knöpfe können von Eltern, Bekannten und Verwandten zur Verfügung gestellt werden. So kommt schnell ein kleiner Knopfvorrat zusammen, den die Kinder nutzen können.

Bilder gestalten

Material: großes Tablett mit Filzuntergrund, unterschiedliche Materialien, Körbchen

Unterschiedliche Materialien wie Federn, Glasnuggets, Pfeifenputzer, Steine, Muscheln usw. werden in dem Körbchen bereit gelegt.

Das Kind benutzt sie, um damit auf dem Tablett Formen, Muster oder Figuren zu legen. Natürlich können auch Bilder gestaltet werden. Der Fantasie sind keine Grenzen gesetzt und vieles ist möglich.

Da es nicht auf das Ergebnis ankommt und auch hier der Weg das Ziel ist, räumt das Kind am Ende der Beschäftigung alle Materialien wieder zurück in den Korb, sodass der Nächste direkt mit seiner Arbeit beginnen kann.

Kaleidoskope

Material: 3 bis 4 unterschiedliche Kaleidoskope, Körbchen

Kaleidoskope laden zum Experimentieren, zum Staunen, zum Träumen, zum Fantasieren ein. Sie fesseln den Betrachter, egal ob Kind oder Erwachsenen, und entfalten schon beim ersten Durchblick ihre beruhigende, entspannende, fast schon meditative Wirkung.

Bereits die kleinste Bewegung lässt fantastische und einzigartige Gebilde, Formen und Muster entstehen.

Auch hier sind verschiedene Modelle erhältlich. So gibt es die klassischen Kaleidoskope mit einer Kammer, in der sich unterschiedliche Materialien befinden. Es gibt Kaleidoskope mit Drehkammer oder solche, die mit einer Flüssigkeit gefüllt sind, in der die Materialien schwimmen und durch das langsame Absinken Muster entstehen lassen. Desweiteren können den Kindern Teleidoskope bereitgestellt werden. Diese haben keine Objektkammer, sondern eine feststehende Linse, durch die Objekte als Kaleidoskop-Bilder zu sehen sind. Interessante Einblicke gibt außerdem ein Rad-Kaleidoskop. Auch dieses besitzt keine Objektkammer. Stattdessen befindet sich am Ende ein Rad, dass bunt gestaltet ist.

Egal welche Kaleidoskop-Form sie den Kindern zur Verfügung stellen, immer wird die gelungene Kombination aus Wissenschaft und Kunst nicht nur sichtbar, sondern sie hinterlässt auch im Körper, im Geist und in der Seele ihre Spuren.

Tipp: Kaleidoskope können auch mit den Kindern hergestellt werden. Im Internet sind hierzu diverse Bauanleitungen zu finden.

Je nach den räumlichen Gegebenheiten können mehrere unterschiedliche Körbchen in einem ruhigen, abgeschirmten Bereich des Zimmers in einem offenen Regal stehen. Dies hat den Vorteil, dass die Arbeiten wegen ihrer Vielfalt über einen längeren Zeitraum stehen bleiben können.

Geduldspiele

Material: 3 bis 4 kleine Geduldspiele, Körbchen

Geduldspiele erfordern viel Ausdauer, Geschicklichkeit und Konzentration. So gilt es, eine oder mehrere kleine Kugeln in ein Ziel rollen zu lassen, Ringe in Vertiefungen zu schieben oder kleine Figuren einen Weg entlang auf einen vorgegebenen Platz zu bugsieren.

Die Geduldspiele, die in einem Spielkörbchen zusammengestellt sind, sollten unterschiedliche Schwierigkeitsgrade besitzen. So kann jedes Kind, seinem Entwicklungsstand entsprechend, eine passende Arbeit finden.

Tipp: Geduldspiele sind oft kleine Werbegeschenke von Firmen. Sie sind daher meist preiswert oder sogar kostenlos erhältlich, wenn z. B. Eltern oder Verwandte und Bekannte in großen Firmen arbeiten.

Hologramme

Material: 3 bis 4 Postkarten mit Mustern oder Motiven als Hologramm, alternativ Hologramm-Folie, Körbchen

Hologramm-Postkarten sind inzwischen in vielen verschiedenen Motiven und Mustern erhältlich. Beim Betrachten der Karte entsteht durch langsames Hin-und-her-Bewegen der Eindruck, die Dinge darauf würden schweben. Dies wird durch den 3D-Hologramm-Effekt hervorgerufen, der räumliche Tiefe suggeriert.

Die Karten verzaubern Kinder immer wieder. Je nach Motiv können sie ein bestimmtes Thema aufgreifen (z. B. Tiere) oder einfach nur zum Staunen einladen.

Stehen Ihnen keine Postkarten zur Verfügung, können Sie alternativ Hologramm-Folie in unterschiedlichen Mustern und Farben in Postkartengröße auf Karton kleben. Auch hier können die Kinder durch Kippen der Karten den 3D Effekt wahrnehmen und über die immer wieder neuen Eindrücke staunen, die sich durch das Hantieren mit der Folie ergeben.

Das Lupen-Körbchen

Material: Lupe, unterschiedliche Gegenstände (Stein, Blatt, Blüte, Tannenzapfen usw.), Körbchen, Tablett oder Tischset

Legen Sie verschiedene Gegenstände in einem kleinen Korb bereit, die die Kinder unter die Lupe nehmen können. Vor allem Dinge aus der Natur wie Tannenzapfen, Blätter von Bäumen, Rinde, Blüten oder Steine sind immer wieder interessante Objekte. Die Lupe lädt die Kinder dazu ein, die Dinge genauer und intensiver zu betrachten und ihren Blick für die kleinen, unscheinbaren Details zu schärfen. Durch das aufmerksame, konzentrierte Betrachten der Gegenstände kommen die Kinder zur Ruhe.

Lupen sind in unterschiedlichen Ausführungen erhältlich. Die bekanntesten Lupen sind wohl Leselupen. Sie vergrößern meist um das 2- bis 4-Fache. Darüber hinaus gibt es weitere Lupentypen wie Detaillupen (z. B. Uhrmacherlupe), Lupensteine oder Lupenbrillen. Diese Vielfalt gewährleistet die abwechslungsreiche Gestaltung des Lupen-Körbchens, indem einfach von Zeit zu Zeit die Lupe ausgetauscht wird.

Werden die Materialien ebenfalls immer wieder ausgewechselt, so bleibt das Lupen-Körbchen über einen langen Zeitraum hinweg interessant.

Kreise kreisen lassen

Material: durchsichtige Plastikschläuche in 3 unterschiedlichen Durchmessern, jeweils ca. 50 bis 80 cm lang, kleine Gegenstände, die in den Schlauch passen (z. B. Perlen, Glasmurmeln, Trockenerbsen, Sand usw.), durchsichtige Klebefolie, Sekundenkleber, Korb

Füllen Sie die Schlauchstücke mit je einem Material. Halten Sie die Enden gegeneinander und verkleben sie sie an den Schnittstellen zunächst mit Sekundenkleber und anschließend mit dem durchsichtigen Klebeband.

Es entstehen 3 Schlauchkreise, die die Kinder auf unterschiedliche Art handhaben können. So kann das Material durch ständiges Drehen des Schlauchs in Bewegung gebracht und auch in Bewegung gehalten werden. Die Kreise lassen sich rollen und auf dem Tisch oder Boden wie ein Reifen drehen. Je nach Inhalt gehen die Bewegungen mit Geräuschen einher.

Vor allem das Beobachten des sich im kreisenden Schlauch rollenden Materials wirkt beruhigend. Verbunden mit einem gleichmäßig erzeugten Geräusch trägt die Beschäftigung mit den Schläuchen zu einer aktiven Entspannung bei.

Hinweis: Plastikschläuche mit verschiedenen Durchmessern und Sekundenkleber bekommt man im Baumarkt.

Der Kugel-Korb

Material: je zwei Kugeln aus unterschiedlichen Materialien (Holz, Glas, Metall, Plastik, Gummi usw.), Körbchen, Tablett mit Filzunterlage

Das Kind kann die unterschiedlichen Materialien der Kugeln sowohl sehen als auch fühlen. Die glatten Oberflächen laden zum Berühren ein und vermitteln angenehme Tasterlebnisse, die zur Entspannung beitragen.

Die Kinder können die Bälle rollen, mit ihnen Muster legen, sie nach unterschiedlichen Kriterien sortieren und natürlich paaren. Damit die Kugeln nicht wegrollen, benutzt das Kind das Tablett mit dem Filzbelag als Arbeitsfläche.

Windräder

Material: 3 bis 4 kleine Windräder, Körbchen

An Windrädern haben Groß und Klein ihre Freude. Ein Windrad zum Drehen zu bringen ist für viele Kinder gar nicht so einfach. Zeigen Sie in der Vorstellungsrunde daher wie das Windrad gehalten und wo es angeblasen werden muss, damit es in Schwung kommt. Dabei können die Kinder spielerisch üben, ihren Atem gezielt und dosiert einzusetzen. Egal ob sich das Rad langsam oder schnell dreht, es macht immer wieder Spaß es anzupusten und beim Sich-Drehen zu beobachten. Da Windräder meist schön bunt sind verbreiten sie eine gute Stimmung. Bereits bei dem kleinsten Windhauch drehen sie sich und verzaubern uns durch ihre Farbenpracht.

Tipp: Windräder gibt es in den unterschiedlichsten Größen, Farben und Formen zu kaufen. Besonderen Spaß macht es aber, ein Windrad selbst zu basteln. Hierzu kann Papier oder Windradfolie benutzt werden.

Fensterplätze gestalten

Fensterplätze lenken unseren Blick von drinnen nach draußen oder auch von draußen nach drinnen. Sie laden zum Beobachten, zum Staunen, zum Verweilen und auch zum Träumen ein. Beim Betrachten eines Vogels, der über die Wiese hüpft, eines Baumes, der seine Äste im Wind hin und her wiegt oder beim Staunen über die Baustellenfahrzeuge, die sich emsig hin und her bewegen, können die Gedanken auf Reisen gehen.

Der Blick nach draußen

Material: Schnur, Folienstreifen, CDs, Windspiele, Windsack usw.

Windspiele der unterschiedlichsten Art, im Freien aufgehängt oder aufgestellt, in der Sonne funkelnde und glitzernde CDs oder im Wind sich hin und her wiegende Streifen aus wetterfestem Stoff bringen Abwechslung und sind ein schöner Hingucker. Sie laden dazu ein, einen kleinen Augenblick innezuhalten, der Fantasie freien Lauf zu lassen und einen Moment abzuschalten. Sie sind daher ideale Entspannungsobjekte, die von einem schön gestalteten Fensterplatz aus zu jeder Tageszeit und bei jedem Wetter beobachtet werden können.

> Fensterplätze werden hier zu interessanten Beobachtungsposten, die den Kindern die Teilhabe am Leben auch außerhalb der Einrichtung ermöglichen, und können zu vielseitigen Spielplätzen werden, die den Kindern neue Einblicke vermitteln, interessante Ausblicke ermöglichen und ihnen somit letztendlich auch zu einem guten Überblick verhelfen.

Ein bunter Regenbogen

Material: Glasprisma mit Ständer; kleine Schachtel

Ein Glasprisma, das von der Sonne angestrahlt wird, spiegelt das Sonnenlicht und zaubert wie aus dem Nichts einen Regenbogen hervor. Es eignet sich dazu, den Effekt der Lichtaufspaltung (Lichtbrechung, Spiegelung und Reflektion) in die Spektralfarben sichtbar zu machen. Es lädt Kinder zum Staunen, zum Spielen und Experimentieren ein.

Glasprismen sind in unterschiedlichen Größen erhältlich. Je größer das Prisma ist, um so deutlicher und intensiver werden die Spektralfarben sichtbar.

Das Prisma sollte aus optisch einwandfreiem Glas hergestellt sein, denn nur dann zeigt es einen besonders schönen, klaren und leuchtenden Regenbogen.

Spiegeleien

Material: 3 bis 4 kleine Spiegel
für die Variation: Schere, selbstklebende Spiegelfolie, Pappe, Pappröhren

Fensterplätzen sind gerade wegen ihres intensiven Lichtein-falls ideale Bereiche, um mit Spiegeln zu arbeiten. Mit ihnen lassen sich viele interessante Experimente durchführen.

- Die Kinder betrachten sich zunächst selbst im Spiegel, spielen mit Mimik und Gestik.
- Sie erkennen beim Blick in den Spiegel, dass alles, was sich hinter ihnen befindet, sichtbar wird. Sie nutzen dies, um sowohl den Raum als auch das Außengelände in den Blick zu nehmen. Der Spiegel wird zum dritten Auge.
- Mit dem Spiegel lässt sich das Licht einfangen, als Punkt durch das Zimmer jagen oder gezielt auf etwas richten.
- Unterschiedliche Spiegel vergrößern, verkleinern oder verzerren und lassen uns die Dinge und die Welt um uns herum aus einem anderen Blickwinkel sehen.
- Auf den Spiegel kann man seinen Atem hauchen, zuschauen wie er beschlägt und beobachten wie er wieder klar wird. Auf dem beschlagenen Spiegel lässt es sich auch wunderbar malen.

All dies und vieles mehr können die Kinder in entspannter Atmosphäre entde-cken und ausprobieren.

Variation: Interessante Gegenstände sind auch verspiegelte Objekte wie Spiegel-röhren oder Biegespiegel. Diese können mit selbstklebender Spiegelfolie in den unterschiedlichsten Ausführungen mit den Kindern gebastelt werden.

Hinweis: Die Kinder müssen darauf aufmerksam gemacht werden, sorgsam mit den Spiegeln umzugehen, denn bei unsachgemäßem Gebrauch zerbrechen sie. Es gilt ein absolutes Verbot, Sonnenlicht in die eigenen Augen oder in die Augen anderer Kinder zu lenken.

Das Spiegelkabinett

Material: Spiegeldreieck, verschiedene Gegenstände, evtl. 3 Spiegelkacheln, Sperrholz, Klebstoff, Sekundenkleber, Säge

Auch diese Arbeit beschäftigt sich mit Spiegeln. Hier lädt ein Spiegeldreieck die Kinder zum Experimentieren und zum Staunen ein. Ein oder mehrere Gegenstände können auf unterschiedliche Stellen des Spiegelbodens gestellt / gelegt werden. Sie vervielfältigen sich im Spiegel bis hin zur Unendlichkeit. Die Kinder können des weiteren mit den Gegenständen die Bodenfläche gestalten. So lässt sich z. B. ein schönes Mandala legen.

Ein Spiegelkabinett lässt sich mit drei Spiegelkacheln und Sperrholz leicht preisgünstig herstellen. Die Kacheln werden auf die zurechtgesägten Sperrholzstücke geklebt. Eine Kachel bildet den Boden, die beiden anderen werden im rechten Winkel an zwei sich gegenüberliegenden Seiten mit Sekundenkleber befestigt.

Mit unterschiedlichen Angeboten, die in einem Regal am Fenster oder auf der Fensterbank stehen, verwandelt sich ein Fensterplatz in einen abwechslungsreichen Ort der Einzelbeschäftigung, der zum Entdecken und Experimentieren einlädt. Hier kann ein Kind mit dem Licht spielen, in die Ferne schauen oder die Umgebung einmal in einem anderen Licht sehen. Auch dieser Spielbereich sollte vom übrigen Gruppengeschehen abgeschirmt sein, sodass ein unbeobachtetes, konzentriertes Arbeiten möglich ist.

Einblick – Durchblick – Ausblick

Material: Klebefolie, Schere

für die Variation: Transparent- oder Seidenpapier, Kleister

Bereiten Sie aus der Klebefolie Stücke vor, die Sie gut handhaben, d. h. problemlos abziehen und aufkleben können, ohne dass die Folie verklebt.

Schneiden Sie mit der Schere z. B. Löcher in unterschiedlichen Größen in die Folie. Die Folie wird vom Trägerpapier entfernt und auf die Fensterscheibe geklebt. Mehrere solcher Folienstücke neben- und untereinander geklebt ermöglichen eine großflächige Fenstergestaltung.

Die Kinder können nun sowohl durch die Löcher nach draußen schauen, als auch von draußen einen Blick nach innen werfen. Es ergeben sich völlig neue „Sichtweisen", da nur ein kleiner Ausschnitt der Innen- und Außenwelt gesehen werden kann.

Desweiteren entstehen im Raum veränderte Lichtverhältnisse. Das Sonnenlicht scheint gebündelt durch die Löcher in das Zimmer. Es entstehen Lichtpunkte, die wiederum die Fantasie beflügeln und für weitere Spielideen sorgen.

Variation: Alternativ zur Folie können Sie auch Transparent- oder Seidenpapier mit Kleister auf die Fensterscheibe kleben. Kreise, Formen, Linien usw. werden ausgespart, sodass eine geschlossene Fläche mit freien Stellen bleibt, durch die das Licht in den Raum fällt. Diese Technik ist vor allem für dunkle Räume geeignet, da durch das Transparent- und Seidenpapier immer noch etwas Licht in den Raum kommt.

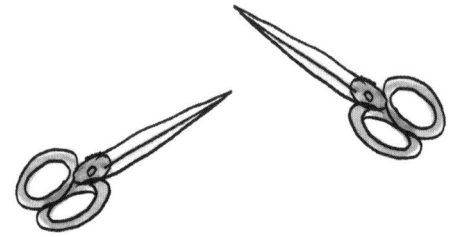

In die Ferne schauen

Material: 1 bis 2 Ferngläser in unterschiedlichen Größen und mit unterschiedlichen Vergrößerungen, Malpapier, Stifte

1 bis 2 Ferngläser stehen auf der Fensterbank bereit. Das Kind kann damit seinen Blick in die Ferne schweifen lassen. Hier gibt es sicher einiges zu entdecken. Alles, was bisher in der Ferne lag, kann nun plötzlich aus der Nähe betrachtet werden. Machen Sie die Kinder auch darauf aufmerksam, den Blick nach oben, in den Himmel zu richten. Hier können Flugzeuge, Vögel, Insekten oder auch die Wolken beobachtet werden.

Legen Sie den Kindern Malpapier und Stifte bereit. So können sie dass, was sie sehen, bildnerisch festhalten. Werden die Blätter gesammelt, können sie zu einem kleinen Buch verarbeitet werden, das immer wieder zum Betrachten einlädt.

Die Schatzkiste

Material: kleine Schatzkiste, Samtdeckchen, besondere Gegenstände wie z. B. Edelstein-Scheibe, Bernstein mit Einschlüssen, Bleikristall, kleine Zauber- oder Glitzerstäbe, Fliegenauge (Mini-Spektoskop) usw.

Diese kleine Schatzkiste enthält Kostbarkeiten, die gerade an einem Fensterplatz ihre ganze Schönheit zeigen. Hält das Kind z. B. den Bernstein gegen das Licht, entfaltet er seinen warmen Glanz und offenbart sein Innenleben. Auch Edelstein-Scheiben oder Glitzerstäbe leuchten im Sonnenlicht und laden immer wieder zum Betrachten, zum Staunen und Träumen ein.

Das Samtdeckchen sorgt dafür, dass die Gegenstände nach dem Anschauen einen würdigen Platz auf der Fensterbank haben und von hier aus immer wieder betrachtet werden können.

Farbig sehen

Material: Pappe, Transparentpapier in verschiedenen Farben, Schere, Klebstoff, Korb

Vorbereitung: Basteln Sie mit den Kindern Farbbrillen. Aus stabiler Pappe wird ein „Brillengestell" geschnitten. Jede Brille bekommt „Gläser" aus einer anderen Farbe, die mit Transparentpapier aufgeklebt werden. Die Brillen werden in einem Korb aufbewahrt, der auf der Fensterbank oder in einem angrenzenden Regal steht.

Das Kind wählt eine Farbbrille aus und sieht die Welt um sich herum in einem völlig anderen Licht. Farbbrillen werden u. a. in der Farbtherapie und in der Naturheilkunde zur Steigerung des Wohlbefindens, zur Verbesserung des Gemütszustandes, zur Unterstützung eines Heilungsprozesses und zur Stimulation des Energiehaushaltes eingesetzt. Jede Farbe hat eine bestimmte Wirkung. So soll ein Blick durch eine Brille mit gelben Gläsern gegen schlechte Laune helfen, aufmuntern, die Konzentration fördern und die Nerven stärken. Weitere Farben, die sich positiv auf das Wohlbefinden auswirken sind rot, orange, grün, blau und violett.

Durch die Brille schauen

Material: alte Kinderbrillen, Klebefolie, Schere, Korb

Die Brillengläser werden mit der Klebefolie beklebt, sodass z.B. nur ein kleines Loch in der Mitte, ein senkrechter oder waagerechter schmaler Schlitz oder eine beliebige Form frei bleibt.
Die Brillen liegen in einem kleinen Korb am Fenster bereit. Das Kind wählt eine davon aus und setzt sie auf. Beim Blick nach draußen wird das Blickfeld auf unterschiedliche Art und Weise eingeschränkt. Dies führt zu einer neuen Sichtweise der Dinge. Je nach Brille muss man schon sehr genau hinschauen, um zu erkennen, was da zu sehen ist, da nur ein kleiner Ausschnitt des Ganzen sichtbar ist.

Der Flaschenteufel

Material: Plastikflasche, Flaschenteufel, Wasser

Ein Flaschenteufel, auch kartesischer Taucher, Tanzteufel oder Drehteufel genannt, ist ein kleiner Teufel aus Glas, an dessen Schwanz sich ein winziges Loch befindet. Er wird zunächst so weit mit Wasser gefüllt, dass er gerade noch genug Auftrieb hat und nicht untergeht. Dann kommt er in eine komplett mit Wasser gefüllte Plastikflasche. Die Flasche wird gut verschlossen. Hierzu eignet sich ein Gummistöpsel, es geht aber auch mit dem normalen Plastikverschluss, der gut zugedreht werden sollte. Beim Druck auf den Gummi oder die Plastikflasche dringt Wasser in den hohlen Körper, sodass der Teufel nach unten sinkt. Lässt der Duck nach, vertreibt die Luft das Wasser wieder und der Teufel steigt nach oben. Sinken und aufsteigen können beliebig oft wiederholt werden.

Dabei ist es immer wieder eine Freude und zudem sehr entspannend, dem kleinen Kerl bei seiner Arbeit zuzuschauen.

Auf Foto-Safari

Material: Fotoapparat, Korb

Nehmen Sie Fotos auf, die ein bestimmtes Detail zeigen, das vom Blick aus dem Fenster gesehen werden kann. Machen Sie z. B. ein Bild, das einen kleinen Teil eines Baumes, ein besonders markantes Zaunstück oder einige Ausschnitte des Klettergerüsts zeigt, das vom Fenster aus gesehen werden kann. Das Kind sucht sich ein Foto aus, betrachtet es genau und sucht im Außengelände das dargestellte Detail. Ist es entdeckt, wird das Foto zur Seite gelegt. Ein weiteres wird ausgewählt und die Foto-Safari beginnt erneut.

Die Beschäftigung erfordert Konzentration und Ausdauer. Sie schärft den Blick und macht das Kind auf Details aufmerksam, die es vielleicht noch nie gesehen hat. Sie lädt aber auch zum Träumen ein und sorgt für entspannende Einblicke.

Hören und sehen

Material: Bildkarten (Auto, Bus, Laster, Motorrad, Vogel, Menschen, Rasenmäher, Flugzeug, Hund usw.), Holzkiste

Die visuelle Wahrnehmung einmal für einen Moment auszuschalten und sich nur auf sein Gehör zu konzentrieren, kann sehr entspannend wirken. Die Umgebung wird anders wahrgenommen und Geräusche intensiver gehört.

Gerade an einem Fensterplatz bietet es sich an, Geräusche zu identifizieren, die von außen kommen. Dementsprechend können auf den Karten Fahrzeuge, Tiere, Menschen, Regen, Wind, eben alles was im Außengelände gehört werden kann, abgebildet sein.

Das Kind legt die Bildkarten bereit und setzt sich in einer aufrechten, entspannten Position vor das Fenster. Es schließt die Augen und konzentriert sich nur auf das, was es hört.

Nimmt das Kind ein ihm bekanntes Geräusch wahr, z. B. Flugzeuglärm, öffnet es die Augen und schaut nach, ob ein Flugzeug am Himmel zu sehen ist. Es sucht aus dem Bildvorrat die entsprechende Karte mit dem Flugzeug heraus. Die Bildkarte wird ausgelegt und das Spiel beginnt erneut. Möglicherweise ist Vogelgezwitscher, Hundegebell, ein vorbeifahrendes Auto oder ein bisher nicht bildlich dargestelltes Geräusch zu hören. Ein Blick aus dem Fenster kann Gewissheit geben. Wie viele Geräuschquellen letztendlich identifiziert werden und wie lange die Beschäftigung dauert, bleibt dem Kind überlassen.

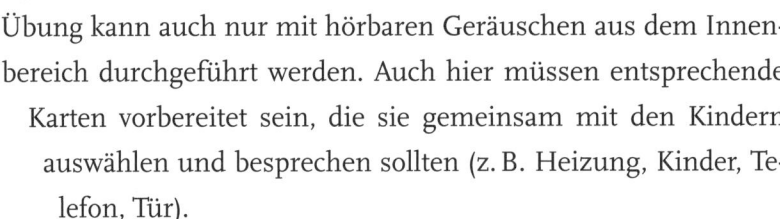

Die Übung kann auch nur mit hörbaren Geräuschen aus dem Innenbereich durchgeführt werden. Auch hier müssen entsprechende Karten vorbereitet sein, die sie gemeinsam mit den Kindern auswählen und besprechen sollten (z. B. Heizung, Kinder, Telefon, Tür).

Die Mandala-Ecke

Kinder sind von Mandalas immer wieder fasziniert. Vor allem das Gestalten eigener, individueller Kreisbilder ohne Vorlage und Anleitung gibt dem Kind die Möglichkeit, sein inneres „Chaos" wohltuend zu ordnen. Die Auseinandersetzung mit den unterschiedlichsten Materialien entspricht zudem dem kindlichen Bedürfnis, sich die Welt handelnd zu erobern. Dabei ist am Ende nicht das Ergebnis ausschlaggebend, sondern der Weg dorthin ist vielmehr das Ziel einer jeden Mandala-Gestaltung.

Führen Sie die Arbeit mit Mandalas langsam ein. Hier können z. B. Gespräche über den Kreis, die Beschäftigung mit kreisförmigen Dingen, kleine Stille-Spiele um eine ausgestaltete Kreismitte, Kreistänze, aber auch Mandala-Malvorlagen als Zugang und zur Vertiefung des Themas dienen. Die Kinder werden die wohltuende und beruhigende Wirkung des Mandalas spüren und sich gerne auf die freie, kreative Möglichkeit der Gestaltung eigener Kreisbilder einlassen.

Mandala-Vorlagen verzieren

Material: Mandala-Malvorlage, Legematerial, kleine Schälchen, rundes Tablett / runder, flacher Teller

Wählen Sie eine Malvorlage aus, die einfach gestaltet ist und z. B. geometrische Formen oder große Motive zeigt. Die Vorlage sollte nach Möglichkeit laminiert werden. So ist sie lange haltbar. Sie wird auf dem Tablett / dem Teller fixiert.
Das Kind gestaltet sie mit den bereitstehenden Materialien aus. Diese können sich an dem Thema der Malvorlage orientieren. So stehen den Kindern um die Weihnachtszeit herum kleine Sterne aus unterschiedlichen Materialien, kleine Spiegelplättchen, Kügelchen aus Gold- und Silberfolie, Glasnuggets u. ä. zur Verfügung, die sie auf die Vorlage legen.
Am Ende der Arbeit werden alle Materialien wieder zurück in die einzelnen Schälchen sortiert.

Puzzle-Mandalas

Material: Mandala-Malvorlage, Stifte, Schere, Klebstoff, Zirkel, Cutter, Tablett, Tischset

Vorbereitung: Puzzle- Mandalas sind recht einfach herzustellen. Zunächst wird eine Vorlage ausgemalt und auf Karton geklebt. Ziehen Sie dann mit einem Zirkel 4 bis 5 konzentrische Kreise (je nach Größe der Malvorlage) auf der Rückseite der Pappe. Diese werden mit dem Cutter ausgeschnitten, sodass unterschiedlich große Ringe entstehen.

Nun kann mit dem Puzzeln begonnen werden. Das Kind orientiert sich dabei an den unterschiedlich großen Kreisen und an den Mustern des Mandalas. Diese sind die einzige Hilfe, um das Kreisbild wieder zusammenzufügen. Dabei kann sowohl vom kleinen zum größten Kreis, als auch vom größten zum kleinsten gearbeitet werden. Je kleiner die Muster sind, um so schwieriger ist das Puzzeln. Am Ende liegt ein schönes Mandala auf dem Tischset.

> Mandala ist ein Wort aus dem alten Sanskrit (indische Kultur) und bedeutet Kreis. Das Kreisbild mit einem gestalteten Mittelpunkt spiegelt sich als Ur-Muster in unserem gesamten Kosmos wider. Es steht zudem für Ordnung, Sammlung, Zentrierung, Vollkommenheit.
> Wer ein Mandala gestaltet, kann unter günstigen Voraussetzungen etwas von seiner zentrierenden Wirkung spüren, der kann sich konzentrieren und zu seiner Mitte finden, zur inneren Ruhe kommen, entspannen.

Das Farben-Mandala

Material: Pappe in unterschiedlichen Farben, Schere, Tablett, doppelseitiges Klebeband, Legematerial in einer Farbe in unterschiedlichen Farbabstufungen, Schälchen

Vorbereitung: Schneiden Sie aus z. B. gelber Pappe einen Kreis in der Größe des Tabletts aus. Fixieren Sie ihn auf dem Boden des Tabletts mit doppelseitigem Klebeband. Die Pappe gibt die Grundfarbe vor.

Stellen Sie den Kindern im Kreis das Farbmandala vor. Die Kinder benennen ihnen bekannte Gegenstände, die gelb sind. Sprechen Sie darüber, welche Bedeutung die Farbe hat und welche Gefühle damit verbunden sind. Für ältere Kinder ist es interessant zu entdecken, wie viele unterschiedliche Farbabstufungen eine einzige Farbe hat. Zeigen Sie den Kindern die Materialien in den unterschiedlichen Gelbtönen und suchen Sie gemeinsam mit ihnen nach passenden Farbnamen (zitronengelb, sonnengelb, goldgelb, ockergelb usw.).
Dann werden die Materialien in einem Schälchen bereitgestellt für die entspannende Einzelbeschäftigung.

> Farben spielen in unserem Leben eine wichtige Rolle. Sie werden sowohl bestimmten Gegenständen, als auch Gefühlen oder Jahreszeiten zugeordnet.

Glasnuggets, Knöpfe, Trinkhalme ...

Material: Legematerialien nach Gruppen in verschiedenen Farben (z. B. Glasnuggets oder Muggelsteine in unterschiedlichen Größen und Farben, kleine Spiegelplättchen in unterschiedlichen Formen, Farben und Größen usw.), rundes Tablett, Körbchen

Stellen Sie zur Mandala-Gestaltung Körbchen bereit, in dem sich jeweils nur Material einer Materialgruppe befindet. Dies können Glasnuggets sein, die in unterschiedlichen Größen und verschiedenen Farben den Kindern in einem Körbchen angeboten werden. Es können aber auch Muggelsteine, Plastiktrinkhalme in unterschiedlichen Längen und Farben, Knöpfe, kleine Holzlegeplättchen, Federn, Stücke von Pfeifenputzern, Mosaiksteinchen und viele weitere Dinge als Legematerial dienen. Durchstöbern Sie ihr Umfeld. Sie werden sicher fündig.
Mit einem dieser Materialien kann ein Kind auf dem runden, flachen Tablett ein Mandala nach eigenen Ideen gestalten. Am Ende wird alles wieder weggeräumt, so dass ein anderes Kind tätig werden kann.

Themen-Mandalas

Material: passendes Legematerial zum jeweils aktuellen Gruppenthema, Körbchen, rundes Tablett

In Kitas werden Kindern oft unterschiedliche Themen vorgestellt, zu denen die pädagogischen Fachkräfte über einen gewissen Zeitraum hinweg verschiedene Angeboten vorbereiten. So kann z. B. im Sommer ein Projekt über Schmetterlinge, im Herbst ein Projekt über Herbstfrüchte des Waldes oder im Winter ein Projekt über Sterne angeboten werden.
Hierzu passende Materialien eignen sich zur Mandala-Gestaltung. Im Umgang mit den bereitstehenden Dingen kann das jeweilige Thema somit individuell erarbeitet und vertieft werden.
Die Mitte der Tabletts sollte markiert sein. Dies erleichtert den Kindern das Arbeiten und lässt das fertig gestaltete Mandala zu einer runden Sache werden.

Das Gewürz-Mandala

Material: rundes Tablett, Gewürze wie Nelken, Zimtstangen, Sternanis, getrocknete Orangen, und Mandarinenscheiben, Schälchen

Bevor die Materialien in dem Einzelbeschäftigungsbereich eingesetzt werden, sollten Sie sie den Kindern vorstellen. Jedes Gewürz wird benannt, sein spezifischer Duft wird erschnuppert, seine Verwendung beim Backen oder Kochen besprochen.
Die Gewürze werden in die einzelnen Schälchen sortiert. Das Kind gestaltet damit ein Mandala nach seinen eigenen Vorstellungen. Als Mittelpunkt kann eine Orangenscheibe, ein schöner Sternanis oder auch ein Teelicht dienen, dass am Ende der Arbeit im Beisein der Erzieherin angezündet wird.

Bei diesem Mandala werden viele Sinne gleichzeitig angesprochen. Die Kinder riechen die unterschiedlichen Düfte der einzelnen Gewürze, ertasten die Oberflächenstrukturen und die Formen und natürlich ist das fertig gestaltete Mandala am Ende eine Wohltat für die Augen.

Ein Geburtstags-Mandala

Material: rundes Tablett, Teelichter, Legematerial (Glasnuggets, Edelsteine, Gold- und Silberperlen usw.), Zahlen

Ein Geburtstagsmandala gestaltet jede Geburtstagsfeier noch festlicher und wird zudem ganz individuell nur für das Geburtstagskind hergestellt. Vielleicht wird es von einem Freund / einer Freundin des Geburtstagskindes kreiert und in der ruhigen und entspannten Atmosphäre der Einzelbeschäftigung vorbereitet. Auf jeden Fall stehen alle Materialien bereit.
In die Mitte kann die Zahl kommen, die anzeigt, wie alt das Geburtstagskind wird. Sie kann aus Holz oder einem anderen Material sein. Um diese Zahl herum werden nun von dem Kind die Legematerialien und die Teelichter in Mandala-Form angeordnet. Das Kind, das das Geburtstags-Mandala gestaltet hat, darf es dem Geburtstagskind bei der Geburtstagsfeier überreichen. Sind die Kerzen angezündet, trägt das Mandala zur feierlichen Stimmung bei.

Der Jahreszeiten-Tisch

Der Jahreszeiten-Tisch ist ein Ort, der den Wandel der Jahreszeiten und die damit einhergehenden Veränderungen in der Natur für Kinder sichtbar und zudem be-greifbar macht. Hier haben sie die Möglichkeit, sich an einem stillen Ort mit den Dingen zu beschäftigen, die für eine Jahreszeit typisch sind.

Der Jahreszeiten-Tisch unterstützt die Kinder darin, den Jahreslauf zu verinnerlichen und ein Verständnis für die Natur zu entwickeln. Wichtig ist dabei, dass die Gruppe in die Gestaltung miteinbezogen wird. Die Kinder können z. B. im Herbst bei einem Spaziergang Blätter und Herbstfrüchte sammeln, im Garten Sonnenblumen pflanzen, aus denen im Spätsommer die Kerne gepickt werden, oder im Sommer auf einer Wiese Blumen pflücken, die sie später genauer unter die Lupe nehmen. All dies schärft ihren Blick für die Natur, lässt sie diese bewusster und intensiver wahr nehmen und Zusammenhänge erkennen.

Herbstblätter zuordnen

Material: je 4 bis 5 Herbstblätter in 4 verschiedenen Formen, Pappkarton, flache Schale, Tablett, Stift

Vorbereitung: Die Herbstblätter sollten mit den Kindern gesammelt und gepresst werden. Legen Sie sich dabei einen kleinen Vorrat zu, da die Blätter nach dem Pressen recht zerbrechlich sind. Zeichnen Sie auf die Pappe je einen Umriss jeder Blattform.

Bei der Vorstellung der Arbeit im Kreis werden die verschiedenen Blätter benannt und die Kinder auf Einzelheiten aufmerksam gemacht (Blattform, Blattadern, Farben). Weisen Sie die Kinder darauf hin, wie zerbrechlich die Blätter sind und wie wichtig der vorsichtige Umgang damit ist.

Die gepressten Blätter kommen in die flache Schale. Das Kind legt die Pappe mit den aufgemalten Umrissen vor sich und ordnet die unterschiedlichen Blattformen den Vorlagen zu.

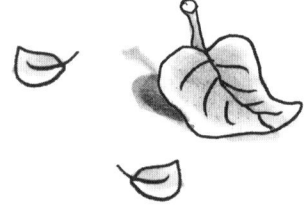

Blätter ansaugen

Material: kleine Herbstblätter (evtl. gepresst), Trinkhalm, Schale, kleines Stück Kunstrasen

In diesem kleinen Spiel geht es darum, die Wiese von Herbstblättern zu befreien. Dazu werden zunächst alle Blätter auf dem kleinen Stück Kunstrasen verteilt. Mit dem Trinkhalm saugt das Kind jedes Blatt an und transportiert es in die bereitstehende Schale. Befinden sich keine Blätter mehr auf der Wiese, ist die Übung beendet.

Hier lässt sich das dosierte Ansaugen spielerisch üben. Vor allem Konzentration, angepasster Krafteinsatz beim Saugen mit dem Trinkhalm und Fingerspitzengefühl sind hier gefordert.

Tipp: Kunstrasen kann im Bastelladen, im Dekobedarf oder Baumarkt gekauft werden.

Sonnenblumenkerne picken

Material: große Sonnenblume, Schälchen, Pinzette, großes Tablett

Haben Sie im Frühjahr mit den Kindern Sonnenblumenkerne im Garten gepflanzt, so können Sie diese im Herbst für folgendes Angebot nutzen.

Schneiden Sie den Blütenkopf so ab, dass die Blüte auf dem Tablett flach aufliegen kann.

Aufgabe des Kindes ist es, mit der Pinzette die Sonnenblumenkerne Stück für Stück aus der Blüte zu ziehen. Die Kerne kommen in eines der Schälchen. Sie können geschält und gegessen werden oder sie werden gesammelt, um z.B. damit zu basteln oder daraus Vogelfutter herzustellen.

Die Arbeit erfordert viel Fingerspitzengefühl und Konzentration. Das Kind beschäftigt sich intensiv mit der Sonnenblume, nimmt dabei Dinge wahr, die ansonsten verborgen bleiben und erlebt, wie sich der Blütenkopf durch das Herauspicken der Kerne bis hin zur leeren Blüte verändert.

Der genaue Blick

Material: Lupe, Dinge aus der Natur, Körbchen, kleines Tablett, Filzunterlage in der zur Jahreszeit passenden Farbe

Legen Sie die zur Jahreszeit farblich passende Filzplatte auf das Tablett (hellgrün = Frühling, gelb = Sommer, dunkelrot / braun = Herbst, weiß / hellblau = Winter). Die Naturmaterialien, ebenfalls entsprechend der Jahreszeit, liegen in dem Körbchen bereit. Das Kind sucht sich etwas aus, legt es auf das kleine Tablett und kann es hier in aller Ruhe mit der Lupe betrachten. Vieles, das bisher nicht gesehen wurde, ist mit dem Blick durch die Lupe plötzlich deutlich zu erkennen. So können die Kinder die Adern eines Blattes sehen, das Blütenkörbchen eines Gänseblümchens betrachten oder die Schale eines Eies genauer unter die Lupe nehmen.

Hinweis: Die bereitstehenden Dinge orientieren sich an dem Lauf der Jahreszeiten. Sie werden daher immer wieder an den Tagen ausgetauscht, an denen die Jahreszeiten wechseln. Hier können die Kinder in das Sammeln miteinbezogen werden, indem sie z. B. bei Ausflügen nach Fundstücken aus der Natur Ausschau halten oder Dinge von zu Hause mitbringen.

Wasser und Sand

Material: flache Glasschale mit Wasser, feiner Sand, Strumpf-Stricknadel o.Ä., wasserfestes Tablett

Gerade im Sommer, wenn es draußen schön warm ist und die Ferien vor der Tür stehen, bietet es sich an, den Kindern ein Spiel mit Wasser und Sand vorzustellen, das zum Staunen, zum Entspannen und Träumen einlädt.

In die mit Wasser gefüllte Glasschale wird langsam der Sand gefüllt. Hat er sich auf dem Boden der Schale abgesetzt, kann mit der Sandmalerei begonnen werden. Das Kind kann nun nach Belieben Muster in den Sand zeichnen. Am spannendsten ist es aber, einen kleinen Wirbelsturm zu erzeugen. Dazu wird der Sand mit der Stricknadel durch Kreisbewegungen aufgewirbelt, bis ein großer Strudel entsteht. Jetzt wird nur noch beobachtet, welches Muster sich bildet, wenn der Wirbelsturm zur Ruhe gekommen ist.

Zen-Garten

Material: Miniatur Zen-Garten, Muscheln oder schöne Steine

Zen-Gärten kommen ursprünglich aus Japan. Das Rechen der mit Kies gefüllten Trockengärten und das Gestalten verschiedener Muster wurde von buddhistischen Mönchen übernommen und diente der Meditation.

Ein kleiner Zen-Garten lässt sich schnell und preiswert selbst herstellen. Die Kinder können den Sand mit einem kleinen Holzrechen bearbeiten, damit Linien, Wellen, Kreise oder Bögen ziehen und Muscheln oder Steine in die Gestaltung integrieren. Dies wirkt sehr entspannend, fördert die Kreativität und die Konzentration.

Tipp: Zen-Gärten im Miniformat können auch selbst hergestellt werden. Eine kleine Kiste, auf deren Rand eine Mauer gemalt werden kann, wird mit Sand gefüllt. Ein paar Steine oder Muscheln vervollständigen den Garten.

Jahreszeiten-Mandalas

Material: Legematerial passend zur Jahreszeit, Körbchen, Sonne aus Holz, rundes Tablett

Ein Jahreszeiten-Mandala macht sichtbar, welche typischen Dinge mit jeder Jahreszeit in Verbindung stehen. Es kann zu Beginn des Frühlings, des Sommers, des Herbstes und des Winters im Kreis vorgestellt werden. Die einzelnen Gegenstände werden benannt und ihre Beziehung zum Thema deutlich gemacht. Die Kinder können, vor allem im Herbst, beim Sammeln der Legematerialien mit einbezogen werden.

Suchen Sie zu den Jahreszeiten passende Utensilien. Dies können im Herbst bunt gefärbte Blätter oder Herbstfrüchte wie Eicheln, Kastanien, Bucheckern, Nussschalen usw. sein. Im Winter stehen den Kindern kleine weiße Wattekügelchen, Schneeflocken, Eiszapfen usw. aus einem Bastelgeschäft zur Verfügung. Im Frühjahr laden die ersten Blumen (am besten aus Seide) wie Osterglocken, Schneeglöckchen und Narzissen zur Mandala-Gestaltung ein. Im Sommer können die Kinder kleine Marienkäfer oder Schmetterlinge aus Holz, unterschiedliche Muscheln und typische Sommerblumen zur Mandala-Gestaltung nutzen.

Immer wird der Mittelpunkt mit einer Sonne gebildet. Um diese herum wird das jeweilige Jahreszeiten-Mandala gestaltet.

Nüsse sortieren

Material: Körbchen, je 3 bis 4 Nüsse verschiedener Nussarten mit Schale (z. B. Haselnüsse, Walnüsse, Erdnüsse, Paranüsse), Augenbinde, 3 bis 4 Schälchen

Vor allem im Herbst spielen Nüsse eine wichtige Rolle. Mit diesem Material können sich die Kinder in Ruhe mit unterschiedlichen Nussarten auseinander setzen, deren Form, Oberflächenstruktur und Größe ertasten und die gleichen Nussarten einander zuordnen.

Dazu stellt das Kind sich zunächst alle Materialien bereit, d. h. die kleinen Schälchen zum Sortieren der Nüsse stehen in einer Reihe nebeneinander. Dahinter befindet sich der Korb mit den Nüssen. Das Kind zieht die Augenbinde über. Es greift in den Korb mit den Nüssen, befühlt die Nuss, die es in den Händen hält und legt sie in einer der Schalen ab. Alle anderen Nüsse werden ebenfalls ertastet und einander zugeordnet. Ist der Korb leer, zieht das Kind die Augenbinde ab und betrachtet das Ergebnis seiner Arbeit.

Erweiterung: Im Herbst bieten sich viele weitere Herbstfrüchte zu Sortierübungen an. So können die Kinder Eicheln, Kastanien, Bucheckern und Maronen einander zuordnen. Sie können auch Herbstblätter mit unterschiedlichen Blattformen nach dem Trocknen in einer Blumenpresse miteinander vergleichen, oder unterschiedliche Zapfen (Tannen-, Erlen-, Kiefern-, Lärche-, Fichtenzapfen) sammeln und zuordnen.

Hörerlebnisse zum Entdecken

Die Kinder lernen im spielerischen Umgang mit Klangkugeln, Klangschalen, Glöckchen oder Stimmgabeln Klangobjekte kennen, die zum Träumen und Fantasieren, zum Experimentieren und kreativen Erkunden einladen. Sie werden sensibel dafür, auch auf die leisen, kaum wahrnehmbaren Töne zu achten und diese als Wohltat anzunehmen.

Auch Kinder haben heute selten die Möglichkeit, sich der allgegenwärtigen Berieselung durch Radio, Fernsehen, Handys, Verkehrslärm, geräuschvolles Spielzeug usw. zu entziehen. Dies kann auf Dauer Stress auslösen, Unwohlsein, Aggressionen, Erschöpfung hervorrufen, Schlafstörungen verursachen und zu Konzentrationsstörungen führen. Zudem verhindert eine uns ständig umgebende Geräuschkulisse, dass wir die wahrnehmen können.

Entsprechende Angebote machen die Kinder wieder sensibel für die besonderen oder die leisen, ruhigen und zarten Töne, die uns im Alltag begegnen. Sie wirken sich im Sinne einer gezielten Hörförderung positiv auf psychischer und körperlicher Ebene aus.

Die Geräuschdöschen

Material: 10 bis 12 kleine Plastikdöschen mit Deckel, unterschiedliches Material (Sand, getrocknete Linsen, Bohnen, Erbsen, kleine Kieselsteine ...), kleine Fotos von den Materialien, Korb, Klebepunkte

Markieren Sie die Hälfte der Plastikdöschen z. B. mit einem farbigen Klebepunkt auf dem Deckel. Füllen Sie zwei Döschen – ein markiertes und eines ohne Markierung – mit jeweils den gleichen Materialien.

Das Kind kann die Döschen nutzen, um z. B. ein Lied zu singen und dieses mit unterschiedlichen Geräuschen zu begleiten.

Es kann die Döschen schütteln. Erkennt es, was sich darin befindet, ordnet es die Dose dem passenden Bild zu.

Es kann aber auch die Dosen miteinander paaren. Dazu werden jeweils ein Plastikdöschen mit und eines ohne Klebepunkt geschüttelt. Hört sich das dabei entstehende Geräusch gleich an, werden die Plastikdöschen zur Seite gestellt. Ergibt sich kein identisches Geräusch, wird eine der Döschen mit einer weiteren verglichen. Sind alle Döschen einander zugeordnet, wird das Ergebnis noch einmal kontrolliert, eventuell korrigiert oder die Arbeit beendet.

Die Klangschale

Material: Klangschale mit Kissen und Klöppel

Klangschalen gehören mittlerweile in vielen pädagogischen Einrichtungen zum gängigen Inventar. Auch in Familien haben sie bereits Einzug gehalten.

Die Klänge und Schwingungen, die sich durch Anschlagen oder Reiben der Schale entwickeln, wirken sich positiv auf das menschliche Energiesystem aus. Sie zentrieren, steigern das Wohlbefinden und führen zur Ruhe und Entspannung.

Daher gehört mindestens eine, am besten sogar mehrere unterschiedliche Klangschalen unbedingt in die Ruhe- und Entspannungsinsel. Die Kinder können damit experimentieren und verschiedene Dinge ausprobieren:

- die Klangschale auf unterschiedliche Art und Weise anschlagen und dem Ton lauschen (mit einem oder mehreren Fingern, mit den Fingerknochen, Klöppel, Schlegel ...);
- die Klangschale unterschiedlich fest anschlagen;
- die Klangschale reiben, auch in unterschiedlicher Intensität;
- die Klangschale anschlagen und mit geschlossenen Augen lauschen, bis kein Ton mehr zu hören ist;
- die Klangschale anschlagen und auf einem Körperteil, z. B. auf einer Handinnenfläche halten, bis der Ton verklungen ist;
- die Klangschale anschlagen und auf ein Körperteil stellen, bis die Vibration nicht mehr zu spüren ist;
- Wasser in die Klangschale geben und am Rand entlang reiben, bis das Wasser in Schwingung gerät.

Klangkugeln

Material: Klangkugeln

Klangkugeln sind auch als Harmoniekugeln, Entspannungskugeln, Elfenkugeln, Traumkugeln oder Druidenkugeln bekannt. Sie sind sowohl einzeln als auch im Set zu kaufen (Qi Gong Kugeln). Es sind in der Regel Metallkugeln, in deren Hohlraum eine kleine Kugel über einen Klangmechanismus (Drahtfeder oder kleines Xylophon) schon bei der kleinsten Bewegung einen schönen, angenehmen und wohltuenden Klang hervorbringt. Dieser wirkt beruhigend und entspannend.

Die Kinder können mit einer Kugel spielen, sie in den Händen balancieren, sie über Körperteile gleiten lassen, über den Tisch rollen oder sie einfach schütteln, um einen Ton zu erzeugen.

Ältere Kinder üben sich gerne darin, zwei kleine Kugeln in einer Hand umeinander kreisen zu lassen. Die Übung aus der chinesischen Meditations- und Gesundheitslehre dient dazu, die Handmeridiane zu stimulieren. Sie erfordert sehr viel Ausdauer, Konzentration und Fingerspitzengefühl.

Entspannungsmusik

Material: CD-Spieler, CDs mit Entspannungsmusik, Fantasiereisen, Geschichten, Kopfhörer

Stellen Sie in einem ruhigen Bereich des Raums einen CD-Spieler bereit. Er sollte leicht zu bedienen sein, sodass die Kinder ihn selbstständig handhaben können. Eine übersichtliche Anzahl an CDs mit Entspannungsmusik, Fantasiereisen oder kurzen Geschichten sollte ebenfalls griffbereit daneben stehen, damit die Kinder das für sie passende auswählen können. Mit einem Kopfhörer lässt sich hier wunderbar entspannen, ohne dass die Gruppe gestört wird.

Einer Stimmgabel lauschen

Material: Stimmgabel oder mehrere Stimmgabeln mit unterschiedlichen Frequenzen

Eine Stimmgabel ist eine Metallgabel, die im herkömmlichen Sinn zum Stimmen von Musikinstrumenten und Gesangsstimmen benutzt wird. Durch das Anschlagen geraten die beiden Zinken ins Schwingen. Je nach Ausführung der Stimmgabel entstehen dabei unterschiedliche Frequenzen.

Die Kinder können mit einer Stimmgabel experimentieren. So kann die Stimmgabel auf und an unterschiedlichen Materialien angeschlagen werden. Wird der Fuß der Stimmgabel an verschiedene Resonanzkörper gehalten (Tischplatte, Glas, Plastikschüssel …), verstärkt das den Ton und er ist deutlicher zu hören. Die Kinder können die Stimmgabel nach dem Anschlagen auch an ein Körperteil (z. B. Schädel-, Hüft-, oder Wangenknochen) halten. Dadurch werden die Schwingungen nicht nur hörbar, sondern sie sind zudem als Vibration deutlich zu spüren. Inwieweit die Vibrationen an welchen Körperteilen als angenehm oder eher unangenehm empfunden werden, findet jedes Kind selbst heraus.

Glöckchen und Schellen

Material: 5 bis 6 Glöckchen und Schellen

Die Glöckchen und Schellen, die sich im Aussehen, in der Größe und im Klang voneinander unterscheiden, regen die Kinder zum Experimentieren an. Im spielerischen Umgang mit den Glöckchen und Schellen probieren die Kinder aus, mit welcher Technik sie sie zum Klingen bringen können. Sie lauschen den unterschiedlichen Klängen, können sie miteinander vergleichen und voneinander unterscheiden.

Gerade die leisen Töne, die kleine Glöckchen und Schellen produzieren, sind dabei eine Wohltat für das Ohr. Das Gehör wird geschult, die Feinmotorik und Koordination trainiert.

Die Spieldose

Material: Spieldose

Spieldosen existieren bereits seit über 200 Jahren. In ein Holzdöschen ist ein Spielwerk eingebaut, das über einen kleinen Griff oder Schlüssel an der Außenseite der Dose aufgezogen wird. Das Spielwerk besteht u. a. aus einer Walze, auf der Erhebungen dem Spielkamm – nebeneinander angeordnete, verschieden lange Metallstreifen – die unterschiedlichen Töne in der richtigen Reihenfolge entlocken. Auf der Spieldose sitzt ein Teller, auf dem Figuren befestigt sind, die eine kleine Miniaturwelt darstellen. Beim Abspielen der Walze dreht sich dieser Teller. Spieldosen zeigen die unterschiedlichsten Motive. Sie können somit das ganze Jahr über zum Einsatz kommen.

Die kleinen Melodien und die sich drehenden Motive laden zum Träumen ein und führen den Betrachter für einen kleinen Moment in eine andere Welt. Auch Kinder sind davon fasziniert. Mit ein klein wenig Fingerspitzengefühl und Konzentration gelingt es ihnen schnell, das Spielwerk immer wieder aufzuziehen.

Vielleicht stehen Ihnen mehrere Spieldosen zur Verfügung, sodass über einen langen Zeitraum für Abwechslung gesorgt ist. Vor allem in der Weihnachtszeit verbreiten die kleinen Kunstwerke ihren besonderen Charme und tragen zu einer festlichen und andächtigen Stimmung bei.

Hinweis: Alternativ zur Spieldose kann den Kindern auch eine Spieluhr zur Verfügung gestellt werden. Diese wird nicht über einen Schlüssel, sondern über eine Schnur aufgezogen. Zudem ist das Spielwerk in der Regel in eine Stofffigur eingearbeitet. Für kleinere Kinder ist sie daher einfacher zu handhaben. Diese Spielwerke werden überwiegend dazu verwendet um Babys und Kleinkinder zu beruhigen. Die Melodien wirken aber auch noch auf ältere Kinder und sogar auf Erwachsene sehr entspannend.

Immer am Rand entlang

Material: runde Schale, 4 bis 6 Kugeln und Bälle (Filzbällchen, Holzkugel; Plastikkugel, Gummiball, Murmel ...)

Das Kind sucht sich eine Kugel / einen Ball aus und legt ihn in die Schale. Durch entsprechende kreisende Bewegungen wird die Kugel in der Schale zum Sausen gebracht. Je schneller die Schale kreisend bewegt wird, umso schneller läuft die Kugel an der Gefäßwand entlang und umso höher steigt sie zum Rand.

Ziel der Übung sollte es sein, die Kugel möglichst harmonisch rollen zu lassen. Das ist gar nicht so einfach, denn bei zu hohem Kraftaufwand fliegt die Kugel aus der Schale heraus. Bei zu geringem Krafteinsatz erhält sie nicht genug Schwung, um am Rand der Schale entlang sausen zu können.

Damit die Kinder eine erste Vorstellung von der Technik des Kreisenlassens bekommen ist es sinnvoll, das Material im Kreis vorzustellen. Hier hat jedes Kind die Möglichkeit, das Kreisen einmal auszuprobieren und den anderen Kindern zuzuschauen. Läuft die Kugel harmonisch am Rand der Schale entlang, wirkt dies sehr beruhigend auf den Betrachter. Je nach Art der Kugel entsteht beim Rotieren ein gleichtönendes Geräusch, dass ebenfalls zur Entspannung beiträgt.

Tauschen Sie neben den Kugeln von Zeit zu Zeit auch die Schalen aus. So gestalten flache oder tiefe Teller, Schalen, Schüsseln aus Glas, Porzellan, Holz oder Plastik die Übung immer wieder abwechslungsreich.

Taktile Spielideen

Die Haut ist unser größtes Sinnesorgan. Über sie nehmen wir Kälte, Wärme, Schmerz, Druck und Berührungen wahr. Sie ermöglicht es, in Kontakt mit uns selbst, mit unseren Mitmenschen und den Dingen unserer Umwelt zu treten. Taktile Sinnesreize verbessern die Körperwahrnehmung und das Körperbewusstsein und tragen somit zum Aufbau eines gesunden Körperschemas bei.

Wärme- oder Kältekissen

Material: kleine Kissen mit unterschiedlichen Füllungen (z. B. Kirschkerne, Getreide, Dinkelspelz, Traubenkerne)

Kleine Kissen, die mit den oben aufgezählten Materialien gefüllt werden können, sind schnell nach individuellen Vorlagen genäht. Natürlich können sie auch fertig gekauft werden. Auch hier ist die Auswahl an Füllmaterialien, Formen und Motiven inzwischen recht groß.

Die handlichen Kissen laden zum Ertasten, zum Hin-und-her-Rollen, Schieben, Drücken und Kneten des Inhalts ein, sie können auf unterschiedlichen Körperteilen aufgelegt und balanciert werden oder zur Massage (z. B. für Hände und Füße) dienen.

Auf einer Heizung, in der Mikrowelle oder dem Backofen erwärmt, nimmt das Kind nicht nur das Gewicht und die unterschiedlichen Inhalte, sondern zusätzlich die gespeicherte Wärme wahr, die in der Regel den Entspannungseffekt erhöht.

Werden die Kissen in eine Plastiktüte eingepackt und eine Weile in das Gefrierfach gelegt, können sie auch als Kältekissen benutzt werden.

Vor allem angenehme Sinnesreize der Haut wie spielerische Massagen und kleine Streicheleinheiten spielen für die gesunde psychische und physische Entwicklung der Kinder eine wichtige Rolle. Die Haut wird durchblutet, die Atmung und der Herzschlag regulieren sich, die Muskulatur wird gelockert. All dies trägt zur Entspannung bei, wirkt sich positiv auf die Stimmung, das seelische und körperliche Gleichgewicht aus.

Der Massagekoffer

Material: Bürste (z. B. Kleiderbürste), Schwamm, Noppenball, dicker Pinsel, Massageroller, kleiner Koffer, Spiegel

Alle Materialien werden in dem kleinen Koffer aufbewahrt, der griffbereit im Regal steht.

Die unterschiedlichen Gegenstände laden zum Ertasten und zum Erspüren ein. Nicht nur die Hände sollten dabei aktiv sein. Das Kind kann z. B. die Oberschenkel, sein Gesicht, die Fußsohlen oder die Arme mit den unterschiedlichen Materialien bearbeiten und die Wahrnehmungen miteinander vergleichen.

Ob Bürste, Noppenball oder Pinsel – jedes Teil hinterlässt wahrnehmbare und vielleicht auch sichtbare Spuren (z. B. Noppenball). Diese können angenehm oder unangenehm sein, recht oberflächig bleiben oder auch „unter die Haut" gehen. Geben Sie den Kinder die Möglichkeit, dies zu entdecken.

Mit den kleinen taktilen Spielangeboten können die Kinder
- ihre Haut als Wahrnehmungs- und Entspannungsorgan entdecken,
- eine Vielzahl an Materialien zur Förderung der taktilen Sinneseindrücke und der Entspannung kennenlernen und ausprobieren,
- in ihrem eigenen Tempo die unterschiedlichsten Körperwahrnehmungen sammeln und einordnen,
- ihren Körper an unterschiedlichen Körperstellen intensiv spüren,
- angenehme und unangenehme Körperempfindungen entdecken,
- ihr Körperbild weiterentwickeln.

Handschmeichler

Material: unterschiedliche Formen aus Holz, Kork, Stein, Glas, Metall usw., Filzunterlage

Auf einer Filzunterlage platziert warten die unterschiedlichen Handschmeichler darauf, die Sinneserfahrungen der Kinder zu bereichern.

Handschmeichler sind Gegenstände, die uns sowohl optisch als auch haptisch ansprechen. Die in der Regel gut polierte und dadurch glatte Oberfläche fühlt sich angenehm an, sodass wir den jeweiligen Gegenstand immer wieder gerne in die Hände nehmen um ihn in seiner Vielfalt zu erspüren. Handschmeichler können unterschiedliche Formen und Größen haben und auch aus unterschiedlichen Materialien bestehen.

Mit Handschmeichlern zu spielen, sie durch die Finger gleiten zu lassen, sie zu ertasten – auch mit geschlossenen Augen –, sie an unterschiedliche Körperstellen zu schmiegen oder sie einfach nur zu betrachten wirkt beruhigend, wohltuend und entspannend.

Hinweis: Achten Sie darauf, dass die ausgewählten Objekte die für Kinderhände richtige Größe haben. Sie sollten nicht mit einer Hand umschlossen werden können, da dadurch wichtige Tasterfahrungen verhindert werden und die Vielfalt der Wahrnehmungsmöglichkeiten (Temperatur, Oberflächenstruktur, Größe, Form, Material) eingeschränkt wird.

Die Tastbeutel

Material: 2 Tastbeutel in unterschiedlichen Farben; 5 bis 6 Gegenstände jeweils in doppelter Ausführung zum Ertasten (z. B. 2 kleine Fellstücke, 2 kleine Schwämme, 2 Nagelbürsten usw.)

für die Variation: Abbildungen der Gegenstände

Die doppelt vorhandenen Gegenstände werden getrennt in die beiden Tastbeutel verteilt. Das Kind greift in einen Beutel und zieht einen Gegenstand heraus. Es legt ihn vor sich und versucht nun im zweiten Tastbeutel den gleichen Gegenstand zu finden. Nach und nach ordnet es alle Teile einander zu, bis beide Tastbeutel leer sind. Hier ist Fingerspitzengefühl gefragt.

Variation für ältere Kinder: Anstelle des zweiten Tastbeutels sind alle Gegenstände auf Karten abgebildet. Diese werden gemischt und ausgelegt. Das Kind greift in den Beutel und sucht nach dem Gegenstand, der auf der ersten Karte abgebildet ist. Kann es ihn ertasten, wird er der Karte zugeordnet. Zieht es einen falschen Gegenstand, wandert er zurück in den Beutel. Die Übung ist beendet, wenn alle Gegenstände den passenden Karten zugeordnet sind.

Trockenduschen

Material: ca. 80 x 80 cm großes Stück Gitterdraht, Seil, Schnur, Perlen oder andere Gegenstände wie Federn, Korken, Perlen, Baststreifen, Holzlöffel, Tischtennisbälle usw.

Vorbereitung: Wählen Sie ein Material aus, z. B. dicke Perlen. Diese werden zunächst auf eine Schnur aufgefädelt (Knoten in der Schnur sorgen für Abstände zwischen den Perlen) und in ca. 5 bis 10 cm Abstand zueinander an einem reißfesten Seil fest verknotet. Hierbei können die älteren Kinder sicher helfen. Die einzelnen Schnüre werden wiederum am Gitterdraht befestigt. Die Länge der Fäden richtet sich dabei nach der Höhe, in der das Drahtgeflecht aufgehängt wird. Die einzelnen Schnüre sollten in etwa bis zu den Knien der Kinder reichen.

In einer stillen Ecke des Raums findet die Trockendusche ihren Platz. Das Kind kann hier, je nach Wunsch, eine Massage einzelner Körperteile oder auch eine Ganzkörperstimulation erhalten, indem es sich zwischen die Fäden stellt und immer wieder seine Position variiert. Neben dem taktilen Erlebnis wird auch das Gehör angesprochen, denn die Perlen, die sich berühren, erzeugen leise Geräusche. Statt Perlen können auch Federn, Korken Holzlöffel und andere Gegenstände an die Schnüre geknotet werden. Je nach der Auswahl des Materials werden dabei ganz unterschiedliche taktile Reize gesetzt, die von jedem Kind auch anders wahr genommen werden. Wechseln Sie daher die Materialien von Zeit zu Zeit aus oder hängen Sie, je nach Platzmöglichkeit mehrere Duschen auf.
Der Materialauswahl sind dabei kaum Grenzen gesetzt.

Wannenspiele

In einer Wanne aus Saubohnen, Kastanien oder Eicheln zu baden ist sicher ein taktiles Ganzkörpererlebnis der besonderen Art, das leider durch die räumlichen Gegebenheiten nur in den wenigsten Einrichtung angeboten werden kann. Sicherlich findet sich aber ein geschützter Platz für die kleinere Variante. Diese besteht aus einer ca. 80 x 50 x 20 cm großen Plastikwanne oder Holzkiste, die mit den unterschiedlichsten Materialien befüllt werden kann.

Die Wasser-Wanne

Material: ca. 20 cm hohe Wanne / große Schüssel, Wasser, Bodenwischer, Handtuch, Plastikschürze, verschiedene Materialien wie Becher, Schöpfkelle, Trichter, Schwamm, Plastikspritzen usw.

Kinder lieben es mit Wasser zu spielen. Die Wasser-Wanne gibt ihnen die Möglichkeit, an einem ruhigen Ort mit dem nassen Element nach Lust und Laune zu experimentieren. Bodenwischer und Handtuch liegen bereit, falls etwas nass werden sollte. Eine Plastikschürze kann dazu beitragen, dass die Kleidung der Kinder einigermaßen trocken bleibt. Eventuell kann eine Gummimatte als Rutschschutz ausgelegt werden.

In einer großen Plastikschüssel liegen 4 bis 6 Materialien zum Spielen bereit. Hier einige Beispiele, welche Gegenstände sich eignen:

- Becher, Tassen, kleine Schüsseln, Flaschen, Messbecher in unterschiedlichen Formen und Größen,
- Schläuche in unterschiedlichen Stärken,
- Trichter in verschiedenen Größen,
- Löffel, Schöpfkellen, Schöpflöffel, Schaufeln, Schaumlöffel,
- Schwämme in unterschiedlichen Größen und aus verschiedenen Materialien,
- eine Sammlung verschiedener Materialien zum Thema Sinken und Schwimmen,
- Trinkhalme in unterschiedlichen Längen und Durchmessern,
- Pipetten in unterschiedlichen Größen,
- Spritzen in verschiedenen Größen.

Diese Sammlung an Materialien sollte lediglich als Anregung verstanden werden. Sie lässt sich beliebig ergänzen und z. B. durch Gegenstände erweitern, die die Kinder von zu Hause mitbringen.

Wechseln Sie von Zeit zu Zeit das Thema dieses Wasser-Spielplatzes. Geht es einmal um Schütt- und Gießerfahrungen, kann zu einem späteren Zeitpunkt das Thema Sinken und Schwimmen im Mittelpunkt stehen. So bleibt die Wasser-Wanne lange Zeit interessant und die Kinder sammeln spielerisch die unterschiedlichsten physikalischen Kenntnisse.

Die Sandwanne

Material: Wanne oder große Schüssel, Sand, unterschiedliche Werkmaterialien (Schaufeln, Löffel, Schöpfkellen, Siebe, Trichter; Becher, Schüsseln usw.), kleine Kehrgarnitur

Eine Sandwanne im Raum ersetzt natürlich nicht den Sandkasten im Außengelände. Da Sand aber eine große Faszination auf Kinder ausübt, sollte er ihnen auch im Innenbereich in einer abgeschirmten Ecke zum Spielen zur Verfügung stehen. Dem Sand zuzuschauen, wie er durch die Finger rieselt, seine angenehme Wärme und Weichheit zu spüren, ihn zu formen und zu gestalten wirkt sehr beruhigend und entspannend. Mit den bereitliegenden Materialien können die Kinder experimentieren, ihnen angenehme und passende Beschäftigungsmöglichkeiten entdecken und sich ganz in ihr Tun vertiefen. Die Kreativität wird gefördert, die Sinne werden geweckt und stille, entspannende Momente erlebt.

Die Materialien sollten von Zeit zu Zeit ausgetauscht werden, um den Kindern ein breit gefächertes, vielseitiges Angebot an selbstständigem Experimentieren und Erfahren zu ermöglichen.
Beim Sammeln der Wanneninhalte können die Kinder beteiligt werden und auch Material von zu Hause mitbringen. So kommt schnell ein großer Bestand zusammen.

Die Ton-Wanne

Material: Wanne oder große Schüssel, Ton, feuchtes Tuch, verschließbare Dose, Plastiktischdecke, großes Holzbrett, kleine Sprühflasche mit Wasser, Malkittel, Arbeitsmaterial (Messer, kleine Teigrolle, Ausstechförmchen, Knoblauchpresse usw.)

Ton ist einer der ältesten Werkstoffe, der bis heute zur Herstellung von keramischen Gefäßen und Dekorationsgegenständen benutzt wird. Damit er lange haltbar bleibt, sollte er in ein feuchtes Tuch gepackt und in einer verschließbaren Dose aufbewahrt werden. Dadurch trocknet er nicht aus und bleibt somit relativ gut formbar. Er kann sowohl ohne als auch mit Werkzeug bearbeitet werden. Die Kinder sollten ihn zunächst nur mit ihren Händen erspüren und seine Beschaffenheit wahrnehmen: ihn kneten, formen, rollen, drücken, zerbröseln und darauf Spuren hinterlassen. Hierbei werden viele verschiedene taktile Reize gesetzt. Unterschiedliche Materialien zum Gestalten und Verzieren stehen bereit und können bei Bedarf genutzt werden.

Kinder vertiefen sich sehr schnell in die Arbeit mit Ton. Hier kann sich die Kreativität frei entfalten, die Konzentration entwickeln, die Handgeschicklichkeit wird gefördert. Der abgeschirmte, ruhige Arbeitsplatz garantiert ein störungsfreies Tätigsein, sodass die Kinder bereits nach wenigen Minuten zur Ruhe kommen und sich entspannen.

Jedes Material hat ein unterschiedliches Gewicht, eine charakteristische Oberflächenstrukturen, ein eigenes Farbspektrum, einen ganz individuellen Geruch und verursacht unterschiedliche Geräusche. All das nehmen die Kinder beim Spiel in der Wanne wahr. Es werden somit unterschiedliche Sinne angesprochen und vor allem verschiedene taktile Reize gesetzt, die das Kind in seinem eigenen Tempo ganz entspannt wahr nehmen, erspüren und genießen kann.

Die Bohnen-Wanne

Material: Wanne oder große Dose, dicke, trockene Bohnen, 6 bis 8 kleine Gegenstände (Knopf, dicke Perle, Legostein, Bauklotz o. Ä.), kleines Schälchen, Augenbinde

Kinder lieben es, in eine große Menge dicker Bohnen zu greifen. Die Bohnen gleiten wunderbar durch die Finger und sorgen für ein besonders angenehmes, sinnlich taktiles Erlebnis.

Die bereitstehenden Gegenstände können in den Bohnen versteckt werden. Das Kind zieht sich die Augenbinde über und versucht, die versteckten Materialien zu ertasten. Alle gefundenen Teile kommen in das Schälchen. Sind alle Gegenstände entdeckt, zieht das Kind die Augenbinde wieder ab und überprüft das Ergebnis.

Eine solche Bohnen-Wanne bleibt über eine lange Zeit interessant. Tauschen Sie gelegentlich die zu ertastenden Materialien aus. So können z. B. im Herbst unterschiedliche Nüsse und verschiedene Herbstfrüchte darin versteckt werden.

> Da die Wannen je nach Füllmaterial recht schwer sind, bietet es sich an, sie an einem festen Standort in der „stillen Ecke" zu platzieren.
> Gerade im Sommer kann die Wanne auch einmal über einen längeren Zeitraum auf dem Boden stehen. Somit kommen anstatt der Hände auch die Füße mit Sand, Kastanien, Eicheln, Wasser oder Bohnen in sinnlichen Kontakt.

Die Kastanien-Wanne

Material: Wanne, Kastanien, 3 bis 4 leere Chips-, Erdnussdosen u.ä. mit Plastikdeckel in unterschiedlichen Größen

Im Herbst macht es Spaß, mit den Kindern Kastanien zu sammeln. Sie kommen in die Kastanien-Wanne.

Schneiden Sie in die Deckel Kreuzschlitze oder Löcher, durch die die Kastanien passen.

Die Kinder spielen gerne mit den Kastanien, verstecken ihre Hände im Kastanienberg, lassen die Kastanien in die Wanne plumpsen oder schieben sie von einer Seite zur anderen.

Desweiteren können sie die Kastanien durch die Schlitze und Löcher der Dosen stecken. Sie fallen mit einem lauten „plopp" nach unten. Ist eine Dose voll, wird der Deckel abgenommen, die Kastanien wieder in die Wanne geschüttet und das Spiel kann erneut beginnen.

Die Eichelwanne

Material: Wanne, Eicheln, 4 bis 5 Gläser in unterschiedlichen Größen, 2 bis 3 unterschiedlich große Schaufeln

Bei einem Spaziergang im Wald finden sich sicher Eichen, die im Herbst ihre Früchte abwerfen. Beteiligen sich alle Kinder am Sammeln, kommt schnell eine große Eichel-Menge zusammen, die eine Wanne füllt.

Auch hier können die Kinder mit den Eicheln spielen. Sie können sie z. B. mit den Schaufeln in die bereitstehenden Gläser füllen.

Dies trainiert insbesondere die Handmotorik und vermittelt den Kindern spielerisch mathematische Vorläuferkompetenzen.

Lebenspraktische Übungen

Schon die Kleinsten wollen sich gerne aktiv am Leben in der Gemeinschaft beteiligen und ihren Möglichkeiten entsprechende Aufgaben übernehmen. Entwicklungsgemäße Angebote helfen ihnen, sich in vielen alltäglichen Verrichtungen zu üben. Lebenspraktische Übungen sind fester Bestandteil der Montessori-Pädagogik. Sie wurden von Maria Montessori nach bestimmten Kriterien konzipiert und in ihr pädagogisches Konzept als „Übungen des praktischen Lebens" integriert.

Kinder können bei diesen Übungen hr Können trainieren und erweitern. Die dazu nötigen Materialien kommen aus dem Alltag und müssen nicht extra gekauft werden. Der Erwachsene zeigt dem Kind, wie die einzelnen Übungen durchgeführt werden.

Sortierübung

Material: je 4 bis 5 Gegenstände aus Holz, Glas, Plastik und Metall, 4 kleine Schälchen, Korb

Die Gegenstände kommen in den Korb. Von hier aus sortiert das Kind sie in die 4 unterschiedlichen Materialgruppen. Jedes Material kommt in eines der Schälchen. Sind alle Gegenstände zugeordnet, ist die Arbeit beendet.

Sortierübungen sind vor allem bei jungen Kindern sehr beliebt. Über die Herstellung einer äußeren Ordnung gelangen sie auch zu einer inneren Ordnung. Das Kind kommt über das Sortieren der Gegenstände zur Ruhe. Es kann sich handelnd die Dinge seiner Umgebung erschließen und sich so mehr und mehr ein Bild seiner Welt machen. Es schult seine Wahrnehmung, seine Konzentration, seine Feinmotorik, seine Ausdauer. Es sammelt viele unterschiedliche Informationen, und erwirbt spielerisch mathematische Vorläuferkompetenzen.

Sortierübungen können nach vielen unterschiedlichen Kriterien durchgeführt werden (Größe, Farbe, Form, Material ...). Dies und der Austausch der Materialien, der von Zeit zu Zeit stattfinden sollte, garantieren das bleibende Interesse an dieser Beschäftigung.

Die Wahrnehmung, die Ausdauer und die Konzentration werden bei diesen Angeboten geschult und die Selbstwirksamkeit wird gestärkt. Die Selbstständigkeit und Unabhängigkeit vom Erwachsenen nehmen zu. Die Übungen befriedigen des weiteren den starken Bewegungsdrang der Kinder. Sie wirken polarisierend und führen, unter günstigen Gegebenheiten (u. a. handliche, ansprechende Arbeitsmaterialien, abgeschirmter Arbeitsbereich), in tiefe Konzentration und Versunkenheit.

Sand löffeln

Material: 2 identische Gefäße, Sand, Löffel, Tablett

Füllen Sie eines der Schälchen mit Sand. Das Kind arbeitet auf dem Tablett und löffelt den Sand von einem Gefäß in das andere. Hierbei muss es sich konzentrieren, damit nichts verschüttet wird. Landet doch etwas Sand auf dem Tablett, wandert er von hier aus wieder zurück in das Schälchen.

Damit ein Kind sicher mit einem Löffel umgehen kann, muss es dessen Handhabung immer wieder üben. Dieses Angebot gibt ihm die Möglichkeit, in einem geschützten Rahmen in seinem eigenen Tempo tätig zu sein. Das Kind lernt seine Bewegungen mehr und mehr zu kontrollieren und zu koordinieren. Verschiedene Löffel und unterschiedliches Material zum Löffeln gestalten die Übung abwechslungsreich.

Flaschen öffnen und schließen

Material: 5 bis 6 unterschiedliche kleine Plastikflaschen mit Drehverschluss, Korb

Das Kind nimmt die Plastikflaschen aus dem Korb und schraubt die Verschlüsse ab. Diese werden zur Seite gelegt. Es sucht sich eine Flasche aus und probiert, welcher Deckel sich aufschrauben lässt. Sind alle Flaschen mit den passenden Deckeln verschlossen, ist die Übung beendet.

Einen Verschluss auf- und zuzudrehen ist für junge Kinder eine noch recht komplexe und schwierige Arbeit, die viel Fingerspitzengefühl benötigt und die geübt werden muss. Dabei werden die Feinmotorik, die Koordination und die Konzentration geschult. Das Kind gewinnt zunehmend Sicherheit im Öffnen und Schließen und kann seine erworbene Fähigkeit im Alltag anwenden. Es kann sich z. B. eine Flasche öffnen um daraus zu trinken oder ein Honigglas auf- und zudrehen. Es gewinnt somit an Selbstständigkeit und wird unabhängiger vom Erwachsenen.

Sand und kleine Muscheln sieben

Material: Sand; kleine Muscheln, kleines Sieb, 2 kleine Glasschalen, große Glasschüssel, großer Löffel, Tablett

Alle Materialien werden auf dem Tablett zusammengestellt. So kann das Kind alles bequem vom Regal zum Tisch tragen. Das Tablett dient auch als Arbeitsunterlage.

Der Sand und die Muscheln werden in der großen Glasschale miteinander vermischt. Das Kind legt das Sieb auf eine der kleinen Glasschalen. Es nimmt mit dem Löffel Sand und Muscheln auf und gibt alles in das Sieb. Durch leichtes Hin-und-her-Bewegen des Siebes bleiben am Ende die Muscheln darin liegen. Das Kind gibt sie in das zweite Glasschälchen. Es setzt die Arbeit fort, bis Sand und Muscheln voneinander getrennt sind. Am Ende wird alles wieder in die große Glasschale geschüttet, sodass ein anderes Kind direkt mit der Arbeit beginnen kann.

Neben Sand und Muscheln können die Kinder z. B. auch Sand und kleine Edelsteine oder Gries und Reis durch Sieben voneinander trennen. Sie können mit unterschiedlichen Löffeln, kleinen Schaufeln oder Kellen arbeiten und Siebe in verschiedenen Größen verwenden.

Übung mit einer Zange

Material: Zange, 12 Haselnüsse, 12-er Schneckenpfännchen, Korb, Tablett

Die Haselnüsse kommen in den Korb. Von hier aus greift das Kind sie einzeln mit der Zange und legt sie jeweils in eine Vertiefung des Schneckenpfännchens. Sind alle Vertiefungen gefüllt, ist der Korb leer.

Das Kind nimmt die Nüsse wieder mit der Zange auf und gibt sie zurück in den Korb.

Diese Übung kann es so oft wiederholen, wie es möchte. Am Ende räumt es das Material wieder zurück an seinen Platz.

Hier werden die Koordination, die Ausdauer, die Konzentration und die Geschicklichkeit trainiert.

Wasser umfüllen

Material: 2 bis 3 Glasflaschen, Glaskrug, Trichter, Wasser, wasserfestes Tablett, kleiner Schwamm

Die Übung macht dem Kind den Umgang mit einem Trichter vertraut. Hier kann es in einem geschützten Rahmen in seinem eigenen Tempo das Ein- und Umfüllen üben.

Als Arbeitsplatz dient das Tablett, das verschüttetes Wasser auffängt.

Der Glaskrug wird mit Wasser gefüllt. Das Kind setzt den Trichter auf eines der Glasgefäße und füllt es mit Wasser. Sind alle Gefäße voll, sollte der Krug leer sein. Wird bei der Arbeit Wasser verschüttet, nimmt das Kind den Schwamm um es aufzusaugen.

Am Ende kommt das Wasser aus den Glasgefäßen wieder zurück in den Krug.

Gries schütten

Material: Gries, kleine Glaskanne, 3 bis 4 Glasschälchen, Tablett

Füllen Sie die Glasschälchen mit Gries. Dieser wird anschließend in die Glaskanne geschüttet. Somit ist garantiert, dass am Ende der Übung alle Schälchen mit Gries gefüllt werden können.

Aufgabe des Kindes ist es, den Gries mit der Glaskanne gleichmäßig auf die 3 bis 4 Glasschälchen zu verteilen.

Dabei wird spielerisch das Schütten / Gießen und das gleichmäßige Aufteilen geübt. Dies sind Tätigkeiten, die wir in unserem Alltag immer wieder in vielen unterschiedlichen Situationen anwenden müssen. Schütt- und Gießübungen trainieren die Koordination, die Konzentration und die Geschicklichkeit. Sie vermitteln zudem mathematische Vorläuferkompetenzen.

Verschiedenes Schütt- und Gießgut (Sand, Wasser usw.) sowie Gefäße in unterschiedlichen Formen und aus unterschiedlichen Materialien gestalten den Schütt- und Gießvorgang abwechslungsreich.

Weitere Ideen

Das Betrachten eines Bilderbuchs, das Blättern im eigenen Familienbuch oder der Blick in das Aquarium kann als „cool down" fungieren. Auch das Anknipsen der Lava-Lampe kann zum Ritual werden, mit dem das Kind seine kurze Auszeit und sein Alleinsein beginnt und die individuellen Voraussetzungen schafft, um sich auf seine Arbeit einlassen zu können.

Hier handelt es sich um Materialien und Spiele, die als fester Bestandteil in einer Spielnische zur Einzelbeschäftigung installiert werden können. Gerade unsichere und ängstliche Kinder gewinnen damit Sicherheit und die Gewissheit, immer wieder etwas Vertrautes in dem ansonsten sich stetig wandelnden Bereich vorzufinden. Bekanntes wirkt erfahrungsgemäß beruhigend und erleichtert den Kindern sowohl den Eintritt in den Spielbereich als auch den Einstieg in die Einzelbeschäftigung.

Das Aquarium

Material: Aquarium

Ein Aquarium lädt immer wieder zum Entspannen, zum Träumen, zum Relaxen ein. Das angenehme Licht, das leise Plätschern des Wassers, die sich sanft hin und her wiegenden Wasserpflanzen und die ruhig durch das Wasser gleitenden Fische verlockt dazu, in eine andere Welt zu versinken und der Fantasie in kleinen Tagträumen freien Lauf zu lassen. Wissenschaftliche Untersuchen bestätigen inzwischen die beruhigende Wirkung eines Aquariums auf Körper und Geist. Blutdruck und Herzfrequenz des Betrachters senken sich und es stellt sich eine innere Ruhe ein.

Steht das Aquarium in einer ruhigen, etwas abgeschirmten Zone des Raums, wird es schnell als Rückzugsort und stille Oase von den Kindern entdeckt und zur Entspannung genutzt. Es kann z. B. als Raumteiler dienen und die Entspannungsinsel vom Gruppengeschehen abschirmen.
Da sich beim Betrachten immer wieder Neues erschließt, wird der Blick in das Aquarium nie langweilig.

Die Lava-Lampe

Material: Lava-Lampe mit GS und CE-Kennzeichnung

Lava-Lampen waren vor allem in den 70-er Jahren sehr beliebt. Es sind Leuchten in Flaschenform, in deren Inneren sich zwei Stoffe (z.B. gefärbtes Wachs und Öl) befinden, die sich nicht miteinander verbinden können. Eine Glühbirne sorgt dafür, dass sich die Materialien in einem ständigen Kreislauf immer wieder erwärmen, unabhängig voneinander nach oben steigen, hier abkühlen und nach unten sinken. Dabei kommt es zur Blasenbildung, die an sich ausdehnende Lava erinnert.

Die Glühbirne beleuchtet den Vorgang und sorgt für ein angenehmes Licht. Der auf- und absteigenden Flüssigkeit zuzuschauen entspannt, lädt zum Träumen ein und verzaubert den Betrachter immer wieder.

Bilderbücher

Material: 4 bis 6 Bilderbücher

Ein Buch zu betrachten und dabei den Gedanken freien Lauf zu lassen wirkt sehr entspannend. Kinder wissen dies und sie ziehen sich daher gerne mit einem schönen Buch zurück. Dementsprechend bietet es sich an, auch in der Entspannungsecke 4 bis 6 Bilderbücher bereit zu stellen. Mehr sollten es nicht sein, da es ansonsten schnell zu einer Überforderung und einem Hin-und-her-Switchen kommen kann. Die Bücher können z. B. ein aktuelles Thema aufgreifen, sich mit Alltagsproblemen beschäftigen, witzig sein oder zum Nachdenken anregen.
Hier eine kleine Auswahl an schönen Büchern, die zum Teil mit Preisen ausgezeichnet wurden: „Im Dunkeln" von Minna McMaster, „Das bewegte Buch" von Die Krickelkrakels, „Mia schläft woanders" von Pija Lindenbaum, „Matti braucht eine Brille" von Ursula Muhr.

Meine Familie

Material: kleine Mappen der Kinder, in denen die Familie auf Fotos dargestellt ist

Erstellen Sie mit den Kindern kleine Familienbücher. Die Kinder bringen dazu Fotos von zu Hause mit, auf denen alle Familienmitglieder zu sehen sind. Verschiedene Feste wie der letzte Geburtstag, das Weihnachtsfest, die Einschulung oder Taufe eines Geschwisterkindes usw. können ebenfalls im Familienbuch nachgeschlagen werden. Alle Fotos werden in einem kleinen, handlichen Buch oder Album gesammelt und von Zeit zu Zeit ergänzt und aktualisiert. Der Gestaltung sind hier keine Grenzen gesetzt.

Die Familienbücher können ihren Platz im Eingangsbereich einer kleinen Nische zur Einzelbeschäftigung finden. Hier kann sich ein Kind zurückziehen und in aller Ruhe darin blättern. Es kann sein Buch aber auch im Gruppenraum gemeinsam mit anderen Kindern anschauen.

Das Gruppenbuch

Material: Ringbuch, Klarsichtfolien, Fotos aus dem Alltagsgeschehen

Gestalten Sie mit den Kindern ein Gruppenbuch. Reihum nimmt ein Kind das Ringbuch mit zu sich nach Hause. Hier stellt es ein Blatt zusammen, das zeigt, was ihm wichtig ist, was am Wochenende mit der Familie unternommen wurde oder womit es sich gerade beschäftigt. Auch selbstgemalte Bilder, Fotos und ein passender Text machen dies deutlich. Nach dem Wochenende wird das Ringbuch mit in die Einrichtung genommen. Hier kann im Kreis über die Bilder gesprochen werden. Das Kind, das sie gestaltet hat erklärt, worum es geht. Dann wird das Ringbuch in der Nische für alle zugänglich aufbewahrt, bis ein anderes Kind es am Freitag wieder mit zu sich nach Hause nimmt. Es entsteht schnell ein „Buch", in dem die Kinder immer wieder gerne und ausgiebig blättern. In der Einzelbeschäftigung finden sie die hierzu nötige Ruhe.

Das bin ich!

Material: großer Spiegel, der in Kinderhöhe aufgehängt ist oder gestellt wird, wasserlöslicher Stift, feuchtes Tuch

Besteht die Möglichkeit, in der Nische zur Einzelbeschäftigung einen Spiegel aufzuhängen, sollten Sie diese nutzen. Ein großer Spiegel, in dem das Kind sich von Kopf bis Fuß sehen kann, ist besonders vorteilhaft. Er kann an der Wand oder der Rückseite eines Raumteilers aufgehängt werden. Besteht hierzu keine Möglichkeit, sollte zumindest ein Spiegel bereitstehen, in dem die Kinder ihren Kopf in voller Größe sehen können.

Das Kind setzt sich vor den Spiegel. Es zeichnet mit dem wasserlöslichen Stift die Umrisse seines Kopfs auf dem Spiegel nach. Anschließend überträgt es Augen, Nase, Mund, Ohren und die Haare. Vielleicht ist ein Muttermal, eine Narbe oder ein anderes individuelles Merkmal zu sehen, das ebenfalls übertragen wird. Steht ein großer Spiegel zur Verfügung hat das Kind die Möglichkeit, sich von Kopf bis Fuß abzumalen.

Sind alle Details übertragen, kann das Kind sein Spiegelbild in aller Ruhe betrachten.

Am Ende wird der Spiegel einfach mit dem feuchten Tuch abgewischt, oder das Porträt bleibt für das nachfolgende Kind sichtbar. Kann es erkennen, wer zuvor hier gearbeitet hat?

Die Duftlampe

Material: Duftlampe, Duftöl, Teelicht, Streichholz

Eine Aroma-Lampe kann den Raum mit einem angenehmen Duft erfüllen. Die Palette der Duftstoffe ist breit gefächert und bietet für jede Nase den passenden Wohlgeruch. Welches Duftöl in der Nische zum Einsatz kommt, sollten Sie gemeinsam mit den Kindern besprechen. Wählen Sie im Vorfeld 1 bis 2 Duftaromen aus, die Sie den Kindern im Kreis vorstellen. Die Mehrheit entscheidet, welches Öl zum Einsatz kommt. Die Wahl des „Dufts des Monats" sorgt dafür, dass die Nasen der Kinder geschult und für die unterschiedlichen Düfte sensibilisiert werden. Dabei ist unbedingt darauf zu achten, dass der Einsatz sparsam und sehr dezent erfolgt.

Hinweis: Duftöl beinhaltet den natürlichen oder künstlichen Duftstoff einer Pflanze in hochkonzentrierter Form. Es kann bei Augen-, Schleimhaut- und Hautkontakt Reizungen verursachen und muss deshalb unbedingt außerhalb der Reichweite von Kindern aufbewahrt werden. Bitte bedenken Sie zudem, dass manche Öle nicht empfehlenswert für Kinder sind (z. B. Teebaumöl, Zitrone, Zimt). Wichtige Informationen hierzu finden Sie in der gängigen Fachliteratur.

Der Sandspiel-Platz

Material: flache Holzkiste, Sand, unterschiedliche Figuren und Gegenstände (kleine Spielpüppchen, kleine Tiere, Häuser, Fahrzeuge, Bäume, Steine, Äste, Zapfen ...), Schachtel mit Deckel

Vorbereitung: Füllen Sie Sand in die Holzkiste und geben Sie die Spielfiguren und -gegenstände in die Schachtel, die Sie mit einem Deckel verschließen. Kiste und Schachtel stehen dann in der Einzelbeschäftigungsecke breit.

Im Gegensatz zur Sandwanne bietet der Sandspiel-Platz dem Kind die Möglichkeit des darstellenden Spiels. Die Kinder können hier ganz nach eigener Kreativität und nach ihren individuellen Bedürfnissen gestalterisch tätig werden. Von großer Bedeutung ist dabei der geschützte, abgeschirmte Raum, in dem sie unbeobachtet und vor allem ungestört tätig sein können. Nur hier sind die besten Voraussetzungen gegeben, damit individuelle Bedürfnisse, vielleicht auch Sorgen, Probleme oder Ängste ihren Ausdruck finden können und somit vielleicht zu einer positiven Verarbeitung beitragen.

Die Überraschungskiste

Material: schöne, kleine Holzkiste, ca. 10 kleine Gegenstände

Wählen Sie ca. 10 Gegenstände aus, die für die Kinder interessant und spannend sind. Dies kann z. B. ein kleines Auto, ein kleines Tier, eine schöne Muschel, eine kleine Märchenfigur usw. sein. Es können auch Materialien zu einem bestimmten, aktuellen Thema in die Kiste kommen.

In der Einzelbeschäftigung hat das Kind die Möglichkeit, sich in aller Ruhe mit den Dingen auseinanderzusetzen und nach eigenen Ideen mit ihnen zu spielen. Dies regt die Fantasie an und trägt zu einer effektiven und sehr kindgemäßen Entspannung bei.

Tauschen Sie von Zeit zu Zeit die Materialien aus, sodass die Überraschungskiste auch wirklich immer wieder für Überraschung sorgt.

Die Märchentruhe

Material: schön verzierte Kiste zu einem bestimmten Märchen, passende Figuren und Gegenstände

Märchen entführen Kinder in eine magische Welt mit sprechenden Tieren, Hexen, Feen, Zauberern und Riesen. Hier siegt stets das Gute über das Böse. Das gibt dem Kind Zuversicht und die Sicherheit auch eigene, schwierige Lebenslagen, Probleme und Krisen bewältigen und zu einem guten Ende bringen zu können.

Vor allem Märchen wie „Der Froschkönig", „Hänsel und Gretel" oder „Schneewittchen" sind beliebte Klassiker. Wurde den Kindern z. B. „Der Froschkönig" erzählt, bietet ihnen die passend ausgestattete Märchenkiste die Möglichkeit, das Märchen nachzuspielen und sich auf einer weiteren Ebene damit auseinanderzusetzen. Materialien, die dazu in die Kiste gepackt werden können, sind z. B. ein kleiner Frosch mit Krone, eine golden glänzende Murmel, ein kleiner Brunnen, ein kleiner Teller ... Die Kinder können mit den Gegenständen natürlich auch ihre eigene Märchenvariation erfinden und ins Spiel bringen.

Literatur

Beek, Angelika von der / Buck, Matthias / Rufenach, Annelie (2001): Kinderräume bilden. Ein Ideenbuch für Raumgestaltung in Kitas. Weinheim: Beltz

Bläsius, Jutta (2008): „Das kann ich schon selber!" Übungen des praktischen Lebens nach Maria Montessori. Freiburg i. Br.: Verlag Herder

Dieken, Christel van (2004): Lernwerkstätten und Forscherräume in Kita und Kindergarten. Freiburg i. Br.: Verlag Herder

Senkel, Barbara (2004): Wie Kinder sich die Welt erschließen. Persönlichkeitsentwicklung und Bildung im Kindergarten. München: C.H. Beck

Velten, Heidi / Walter, Bruno (2003): Große Düfte für kleine Nasen. Räucherrituale, Dufterlebnisse und Gesundheitstipps für Kinder. München: Kösel